探路智慧社会

AI

之江实验室 / 编著

中国科学技术出版社
·北　京·

图书在版编目（CIP）数据

探路智慧社会 / 之江实验室编著. — 北京 ：中国科学技术出版社，2021.5

ISBN 978-7-5046-9008-1

Ⅰ. ①探… Ⅱ. ①之… Ⅲ. ①人工智能－应用－社会管理－研究－中国 Ⅳ. ① D63-39

中国版本图书馆 CIP 数据核字（2021）第 056414 号

策划编辑	申永刚
责任编辑	陈　洁
封面设计	马筱琨
版式设计	锋尚设计
责任校对	邓雪梅
责任印制	李晓霖

出　　版	中国科学技术出版社
发　　行	中国科学技术出版社有限公司发行部
地　　址	北京市海淀区中关村南大街 16 号
邮　　编	100081
发行电话	010-62173865
传　　真	010-62173081
网　　址	http://www.cspbooks.com.cn

开　　本	710mm × 1000mm　1/16
字　　数	190 千字
印　　张	17.25
版　　次	2021 年 5 月第 1 版
印　　次	2021 年 5 月第 1 次印刷
印　　刷	北京顶佳世纪印刷有限公司
书　　号	ISBN 978-7-5046-9008-1/D·116
定　　价	99.00 元

EDITORIAL BOARD

编委会

SEQUENCE I

序一

从“数据赋能”通向“计算社会科学”

中国特色社会主义建设已经进入了新时代。新发展、新格局、新治理、新愿景，渐行渐近，如期而至。之江实验室所编著的《探路智慧社会》一书，从数据科学、人工智能的视角为我们打开了一扇观察新时代新愿景的知识之窗。

早在2018年9月17日，习近平总书记致世界人工智能大会的贺信中就指出：“新一代人工智能正在全球范围内蓬勃兴起，为经济社会发展注入了新动能，正在深刻改变人们的生产生活方式。把握好这一发展机遇，处理好人工智能在法律、安全、就业、道德伦理和政府治理等方面提出的新课题，需要各国深化合作、共同探讨。中国愿在人工智能领域与各国共推发展、共护安全、共享成果。中国正致力于实现高质量发展，人工智能发展应用将有力提高经济社会发展智能化水平，有效增强公共服务和城市管理能力。”随后，在2018年10月31日习近平总书记主持中共中央政治局第九次集体学习时强调，在移动互联网、大数据、超级计算、传感网、脑科学等新理论和新技术的驱动下，人工智能加速发展，呈现出深度学习、跨界融合、人机协同、群智开放、自主操控等新特征，正在对经济发展、社会进步、国际政治经济格局等方面产生重大而深远的影响。加快发展新一代人工智能是我们赢得全球科技竞争主动权的重要战略抓手，是推动我国科技跨越发展、产业优化升级、生产力整体跃升的重要战略资源。我国经济已由高速增长阶段转向高质量发展阶段，正处在转变发展方式、优化经济结构、转换增长动力的攻关期，迫切需要新一代人工智能等重大创新添薪续力。我们要深入把握新一代人工智能发展的特点，加强人工智能和产业发展融合，为高质量发展提供新动能；要围绕建设现代化经济体系，以供给侧结构性改革为主线，把握数字化、网络化、智能化融合发展契机，在质量变革、效率变革、动力变革中发挥人工智能作用，提高全要素生产率；要培育具有重大引领带动作用的人工智能企业和产业，构建数据驱动、人机协同、跨界融合、共创分享的智能经济形态；要发挥人工智能在产业升级、产品开发、服务创新等方面的技术优势，促进人工智能同一、二、三产业深度融合，以人工智能技术推动各产业变革，在中高端消费、创新引领、绿色低碳、共享经济、现代供应链、人力资本服务等领域培育新增长点、形成新动能；要推动智能化信息基础设施建设，提升传统基础设施智能化水平，形成适应智能经济、智能社会需要的基础设施体系；要加强人工智能同社会治理的结合，开发适用于政府服务和决策的人工智能系统，加强政务信息资源整合和公共需求精准预测，推进智慧城市建设，促进人工智能在公共安全领域的深度应用，加强生态领域人工智能运用，运用人工智能提高公共服务和社会治理水平；要加强人工智能发展的潜在风险研判和防范，维护人民利益和国家安全，确保人工智能安全、可靠、可控；要整合多学科力量，加强人工智能相关法律、伦理、社会问题研究，建立健全保障人工智能健康发展的法律法规、制度体系、伦理道德。习近平总书记关于人工智能发展和应用的新论断已经被近几年来世界范围内科技创新、经济发展和社会治理的现实所检验和证明。

2019年5月，习近平总书记在江西考察时指出“领导干部要胸怀两个大局，一个是中华民族伟大复兴的战略全局，一个是世界百年未有之大变局。”经过40多年的改革开放，中国经济已经从高速增长阶段迈进高质量发展阶段。党的十八届三中全会通过的《中共中央关于全面深化改革若干重大问题的决定》首次提出“推进国家治理体系和治理能力现代化”这个重大命题，并把“完善和发展中国特色社会主义制度，推进国家治理体系和治理能力现代化”确定为全面深化改革的总目标。党的十九大报告进一步明确指出，全面深化改革总目标是完善和发展中国特色社会主义制度，推进国家治理体系和治理能力现代化，是新时代中国特色社会主义思想的重要组成部分。党的十九届四中全会明确指出，“坚持和完善中国特色社会主义制度、推进国家治理体系和治理能力现代化，是关系党和国家事业兴旺发达、国家长治久安、人民幸福安康的重大问题。”党的十九届五中全会通过的《中共中央关于制定国民经济和社会发展第十四个五年规划和二〇三五年远景目标的建议》进一步明确指出了今后五年经济社会发展要努力实现“经济发展取得新成效”“改革开放迈出新步伐”“社会文明程度得到新提高”“生态文明建设实现新进步”“民生福祉达到新水平”“国家治理效能得到新提升”的主要目标。

当前以大数据技术、人工智能等为代表的新一代科技创新，正在成为引领人类经济和社会发展的重要引擎，呈现出多点并发、系统突破的态势，人类经济社会活动的一系列外部因素正不断内部化，赋能传统要素，萌发孕育新要素，数据生产、处理、存储、传输和交换等不断拓展人类经济社会生活和治理的新领域，数据所及之处无远弗届，人类经济社会生活和治理的半径不断扩大、纵深不断推进，生产和生活方式、治理制度结构正在发生前所未有的变迁。特别是以人工智能为代表的新一轮科技革命和产业变革方兴未艾，在移动互联网、大数据、超级计算、传感网、脑科学等新理论、新实验和新技术驱动下，人工智能正在对经济发展、社会进步、全球治理等方面产生重大而深远的影响，成为经济社会发展大转型的主导力量。

2020年突如其来的新冠肺炎疫情全球大流行，使全球遭遇了一场百年未遇的严重公共卫生危机。毫无疑问，世界各国的治理体系和治理能力均面临着前所未有的严峻考验。而中国特色社会主义制度优势所转化的治理效能在抗击疫情和复工复产复商复学中交出了一份人民满意、世界瞩目、载入史册的答卷。其中人工智能技术在疫情监测分析、病毒溯源、防控救治、资源调配以及复工复产复商复学等方面都发挥了始料未及、举足轻重的支撑作用。2020年中国国内生产总值突破了百万亿元，按可比价格计算，比上年增长2.3%，成为新冠肺炎疫情肆虐下世界各国中唯一实现经济正增长的主要经济体。

同时，我们也要看到大数据技术和人工智能在国家治理和社会治理方面正点燃新的理论、实验、观念和学术的薪火。近几年来，国际社会高度关注数据、人工智能和算法之间相互强化所引发的社会道德伦理问题，并强烈主张建立计算社会科学（Computational Social Science）。[1]科学家认为，计算社会科学的智识起源包括对空间数据、社会网络以及文本和图像的人类编码的研究，而传统的定量社会科学关注的是汗牛充栋的案例以及序列变量，通常假设这些观测数据彼此是独立的，而计算社会科学包含语言、位置和运动、网络、图像和视频，通过应用统计模型捕捉数据中所存在的各种各样彼此依存的关系。在这种伞形结构中，社会科学家、计算机科学家、统计物理学家以及其他领域的学者已经组成一个相对松散的智识共同体。例如，美国的人类基因组计划（Human Genome Project，HGP）投入了超过30亿美元，作为其伦理、法律和社会影响计划的一部分，“以确保整个社会能够学会只以有益的方式使用信息及其数据”。来自国际社群的学者严肃指出，仅仅凭借大型互联网平台所生成的数据及其孵化培育的人工智能不足以实现国家治理和社会治理所追求的目标。因为大型互联网平台所生成和采集的数据可能并不具备一般人群的代表性，绝大多数数据与消费品和消费者的习惯有关，在线平台被设计时采用的自变量、因变量及其方程式不是为了应对治理的挑战和实现治理的目

[1] David M J Lazer，Alex Pentland，Duncan J Watts，et al. Computational social science：obstacles and opportunities［J］. Science，2020，369（6507）：1060-1062.

标，而是为了计算利润。在线平台的设计、功能、数据记录和数据访问策略可能随时随需而变，因为平台所有者没有动力在效率效能上实现与社会治理相一致的利益。计算社会科学必须解决无处不在的网络所产生的关于社会数据的结构不平等问题，克服在线平台的数据偏见，打开数据训练人工智能、数据驱动算法的“黑箱”，从而实现算法透明、算法公平和智能向善。马修·J. 萨尔加尼克（Matthew J. Salganik）在《点点滴滴：数据时代的社会研究》（*Bit by Bit*：*Social Research in the Digital Age*）中也曾经强调，计算社会科学要抓住数字革命的机遇，改变社会科学家观察行为、提出问题、进行实验和参与大规模合作的方式，与自然科学、工程科学、行为科学、心理学以及计算科学一起应对数据时代的道德伦理挑战。[1]

值得注意的是，人工智能所引发的恶意使用也引起了国际学术社群的高度警惕。来自英国牛津大学、剑桥大学等14家国际著名研究机构的学者在2018年2月所发表的《人工智能的恶意使用：预测、防范和缓解》[2]报告中指出：“人工智能和机器学习能力正以前所未有的速度提高。从机器翻译到医学图像分析，这些技术将会产生许多广泛有益的应用。我们可以预期在相当长的时期内，无数这样的应用程序会方兴未艾。然而，从历史上看，人们却很少关注人工智能可能被恶意

---

[1] Matthew J. Salganik. Bit by bit：Social Research in the Digital Age [M]. New Jersey：Princeton University Press，2017.

[2] Miles Brundage，Shahar Avin，Jack Clark，et al. The malicious use of artificial intelligence：forecasting，prevention，and mitigation [R/OL].（2018-02-20）[2020-08-18]. https://img1.wsimg.com/blobby/go/3d82daa4-97fe-4096-9c6b-376b92c619de/downloads/MaliciousUseofAI. pdf?ver =1553030594217/.

利用的方式。”他们断言，随着人工智能能力变得越来越强大且广泛，人工智能的使用将导致威胁场景的变化：

- 扩大现有威胁。通过大规模使用人工智能完成通常需要人类劳动、智能和专业知识的任务，现有攻击的成本可能会降低。现有攻击成本降低产生的一个结果就是扩大能够实施特定攻击的恶意行为者的集合，提高实施这些攻击的速度和增加实施这些攻击的潜在目标。
- 导入新的威胁。通过使用人工智能完成人类不能完成的任务，可能会出现新的攻击。此外，恶意行为者可能会利用防御者部署的人工智能的漏洞。
- 转变诸多威胁的典型特征。人工智能使用的日益增多所导致的攻击特别有效，目标精确，难以归类，而且这类攻击很可能是人工智能的漏洞被恶意行为者利用而产生的。

因此，他们强烈主张：①政策制定者应与技术研究人员密切合作，调查、预防和减轻人工智能的潜在恶意使用；②人工智能领域的研究人员和工程师应认真对待其工作的双重用途性质，认可与误用相关的考量会影响研究的优先事项和规范，并在可预见恶意应用时主动联系相关人员；③在研究领域，应采用更成熟的方法来解决双重用途问题（如计算机安全），并在适用的情况下引入人工智能；④积极寻求扩大参与应对这些挑战的利益相关者和诸多领域专家的范围的方法。同时，他们还指出，在四个优先的研究领域探索若干悬而未决的问题和潜在的干预措施：

1. 向网络安全社群学习并与之合作。在网络安全和人工智能攻击的交汇点，我们有必要探索并潜在地渗透测试（Penetration Test）、正式验证，负责任地披露人工智能漏洞及公布安全工具和安全硬件。
2. 探索不同的开放模式。随着人工智能和机器学习的双重用途性质越来越显著，我们有必要重新界定围绕研究开放性的规范和组织体系，可以从特别关切的技术领域的发表前的风险评估、集中准入许可模式、有利于安全和保障的共享体制，以及从其他双重用途技术所汲取的经验教训起步。
3. 倡导一种可问责的文化。人工智能研究人员及其所隶属的组织处于一种独特的地位，可以塑造人工智能赋能世界的安全场景，强调教育、伦理声明和标准、框架、规范和期望的重要性。
4. 制订技术和政策解决方案。除上述以外，我们还需要进一步研究高级别领域，包括隐私保护、人工智能在公共利益方面的协同使用、人工智能相关资源的监测，以及其他立法和监管回应。

他们强调，人工智能和机器学习所带来的“诸多挑战是令人生畏的，利益得失也是巨大的”，这些不仅需要人工智能研究人员和公司的关切和行动，而且还需要立法者、公务员、监管机构、安全研究人员和教育工作者的关切和行动。

当然，致力于经邦济世的经济学家对人工智能的看法更值得关注，毕竟经济学家更加关切人工智能对人类生产和生活方式的影响。2017年9月，美国国家经济研究局（National Bureau of Economic Research）在加拿大多伦多召开了首次人工智能经济学会议，旨在为从事人工智能和机器学习的经济学研究设定未来议程。参会者从不同的角度研究和评估人工智能和机器学习在劳动生产率、增长、不平等、市场力量、创新和就业等方面的潜力。[1]他们把人工智能和机器学习作为一种新型通用目的技术（General Purpose Technologies）。在人工智能和机器学习的情景下，增长主要是由无形资本驱动的，而经济学却没有可信的生产率增长测量标准，国内生产总值（GDP）的测量工具需要聚焦于调整无形资本、软件和创新过程的变化。由于人工智能在一定程度上不论是给消费者还是给工人都会带来不同的收益，因此测定人工智能的收益是非常棘手的问题。例如，如果人工智能让人们拥有更多的休闲时间，而且人们也选择更多的休闲时间，那么这是否应该被计入不平等衡量中？如果当真如此，那应该怎么办？经济学家所采取的方法是将人工智能与其他通用目的技术进行类比，在生活

[1] Ajay Agrawal，Joshua Gans，Avi Goldfarb. The economics of artificial intelligence：an agenda [M]. Chicago：University of Chicago Press, 2019.

质量价格和测量方面，人工智能究竟相当于多少微处理器的运算速度或内燃机的功率？因此，他们认为人工智能的未来研究议程应该集中在：研究人工智能作为通用目的技术的潜力及人工智能对增长和不平等的相关潜在影响；监管人工智能在加速或限制技术传播中的作用，人工智能如何改变人们的生产和生活方式及经济学家的研究方式等。如果人工智能以闲暇代替工作，人们如何发现生活的意义？经济学家如何才能澄清关于技术专家在大众媒体上所提出的诸如对机器人征税或发放一种普遍的基准收入的政策言论？一种技术的扩散如何影响政治环境，反之是否亦然？

无独有偶，2020年3月《剑桥区域、经济和社会杂志》（*Cambridge Journal of Regions，Economy and Society*）刊发题为《当机器为我们思考时：对工作和场景带来的后果》（*When Machines Think for Us：The Consequences for Work and Place*）的人工智能专辑。该专辑的社论指出："通过高效、快速地解决复杂问题，人工智能有潜力转变对劳动力、工作性质和运营基础设施的需求。尽管目前人工智能的影响可能被高估，但人们也只是刚刚开始了解它的适应率和它对工作结构的影响。尽管如此，越来越多的研究认为人工智能对工作的影响将非常不均衡，并取决于一系列因素，包括场景、经济活动、商业文化、教育水平和性别等。"2020年，美国经济学家达龙·阿西莫格鲁（Daron Acemoglu）和帕斯卡尔·雷斯特雷波（Pascual Restrepo）在《错误的人工智能类型？人工智能和劳动力需求的未来》[1]中指出："由于人工

[1] Daron Acemoglu，Pascual Restrepo. The Wrong Kind of AI? Artificial Intelligence and the Future of Labor Demand [J]. Cambridge Journal of Regions，Economy and Society，2020，13 (1): 25–35.

智能不仅仅是一组具有特定的、预先确定的应用程序和功能狭窄的技术，而是一个技术平台，它可以用于自动化以外的更多领域；它可以用来重组生产过程，为劳动力创造许多新的、高生产率的任务。如果这种‘恢复人工智能’（Reinstating Artificial Intelligence）成为可能，就有可能在生产率提高和劳动力需求增加两方面带来巨大的社会收益（这不仅将创造更具包容性的增长，还将避免失业和劳动力需求增加引发的社会问题）。否则，就可能是‘错误的人工智能类型’。”他们以教育、医疗保健和增强现实（Augmented Reality）为例表达对目前人工智能应用正在走向替代劳动力或减少劳动力需求的道路的担忧。例如，在教育领域，尽管教育是人工智能普及率最低的领域之一，但是人工智能的发展并没有集中在因材施教、吸收教师的卓越技能以及为未来劳动力市场提供更有价值的劳动技能等方面，而是集中在学校盛行的课程或教育重点方面；在医疗保健领域，人工智能专注于增强诊疗过程的自动化，而不是专注于增强医护人员、技术人员和其他医疗保健供应商的能力；在增强现实领域，大多数高端技术都集中在自动化上，而不是集中在提高人类感知、监控和控制对象的能力上。尽管亚马逊（Amazon）和特斯拉（Tesla）等公司已经发现，将所有工厂车间和手工任务自动化在经济上是不合理的，但是出于安全考虑和高端制造控制精度的要求仍然引入大量的工业机器人，而不是将此与人力资源充分利用高度融合起来。达龙·阿西莫格鲁和帕斯卡尔·雷斯特雷波认为，由于创新会产生诸多的外部性，当存在替代的、相互竞争的技术模式时，市场就会陷入困境。当一种模式领先于另一种模式时，研究人员和公司都倾向于遵循这种模式，即使另一种模式可能更有效率。在此情景下，一旦错误的模式领先，就很难扭转这一趋势，并从替代模式所提供的可能性中获益。如果不同的人工智能方法形成可替代的、相互竞争的模式，那么人们对市场机制的信任度应该更低。同时，创新不只是对经济激励做出反应。在美国，围绕最有创造力的集群（如硅谷）的生态系统，可能过度奖励自动化，而对前沿技术的其他用途关注不足，这在一定程度上可能是因为领军型研究人员的价值观和利益（例如，考虑一下像特斯拉这样不断试图实现一切自动化的公司精神）导致的。另一个原因是投入人工智能领域的大部分资源来源于大型科技公司，它们的主流商业模式和愿景是专注于自动化，并从生产过程中消除（可能出错的）人为因素。随着几家领先公司的大量资源涌入学术界，并塑造了一流大学的教学和研究使命，后一个原因可能变得更加关键。毫无疑问，当代最优秀的人才都被计算机科学、人工智能和机器学习所吸引，但他们都非常重视自动化。当一个有偏见的生态系统变得无所不含时，它对技术变革方向的约束将变得更加窒息。其他因素，包括就业创造的社会价值、美国税制以及互补性投资不足等也倾向于替代劳动力的人工智能应用。教育应用人工智能将需要来自教师的（超出了现在有效和正在投资的资源）新的、更灵活的技能，他们会需要额外的资源来聘用更多的教师使用这些新的人工智能技术（毕竟，这就是新技术的意义所在，为教师创造了新的任务和额外的需求）。在医疗保健方面，有限的资源并不是问题所在（在美国，用于医疗保健的国民收入份额在持续增长），但必要的补充性变化很可能是组织性的。事实上，强调使用新技术来创造新任务会产生其他障碍，保险公司和以美国医学协会为代表的整个医疗行业的组织方式，很可能会成为障碍。如果赋能和提高护士和技术人员的生产率，就会被认为是减少对医生服务的需求，或者挑战医院目前的商业模式，将会受到强烈抵制。他们断言：“尽管目前缺乏确凿的证据表明如今的研究和企业资源正被过度引向‘错误的’人工智能，但创新市场没有令人信服的理由让我们期待不同类型的人工智能之间实现有效平衡。如果在这个关键时刻，人们对发明和创造劳动力需求（而不仅仅是替代劳动力）的关注不够，从社会和经济的角度来看，那将是‘错误的’人工智能。”最近的技术变革倾向于自动化，对创造能够有效利用劳动力的新任务关注不足。这种选择的后果是劳动力需求停滞、劳动力收入在国民收入中所占比例下降、不平等加剧以及生产率增长放缓。目前的趋势是向进一步自动化的方向发展人工智能，但这意味着我们可能将失去带来更好的经济和社会结果的“正确”类型的人工智能。同年，达龙·阿西莫格鲁等人发表的另一篇论文认为，由于美国税收体系的扭曲不利于劳动力而有利于资本，而且最近几年这种情况变得更加恶化，它已经将自动化水平推动到超出社会期望的程度。如果从21世纪10年代的美国税制转向资本和劳动力的最优税制，那将使就业人数提高4.02%，劳动收入占比提高0.78个百分点，并恢复最优自动化水平。如果转向最优税制是不可行的，那采取更温和的改革仍然可以增加1.14% ～1.96%的就业人数，在这种情况下，征收额外的自动化税也有利于降低自动化的均衡水平。他们的理论框架和定量研究表明，提高资本本身的税收并不可取（尽管美国对资本的征税很少），相反，直接降低自动化程度会更有效。因为边际自动化任务不会带来多少生产率的提高，反而会取代工人，减少就业。相比之下，由于工作任务之间的互补性，增加已经自动化的工作任务的资本强度会增加对劳动力的需求。当技术和/或人力资本投资是内生的，并对税收政策做出反应时，这些结论会得到进一步加强。[1]也有学者提出，要加强对低质量的人工智能（Low-Quality AI）、人工智能偏见（AI Bias）的研究，“将公共利益而非私人利益置于以技术和治理为中心的人工智能监管的核心位置”。[2]

目前，中国已经成为并仍将是世界最重要的人工智能实验和应用示范的参与者，其丰富的应用场景使人工智能赋能社会治理，特别是赋能公共服务，产生了大量令人瞩目的应用成果，医学诊断、人脸识别、语音识别、决策支持系统等诸多领域的方法、模型、仿真和工具也正处于不断迭代之中。但是，西方学术界对人工智能的应用忧虑，也必须引起我们的高度警觉。中国是一个人力资源大国，如果人工智能开发和应用与人力资源优势得到充分利用相悖，那么这样的技术变革就可能事与愿违；中国也是一个数据大国，如果大数据、人工智能和算法所形成的相互喂养关系，仅着力于消费市场，让消费者成为“算法囚徒”，那么不仅不会为生产率、就业和共享繁荣提供支撑，相反可能会导致失业、增长乏力和不平等。

之江实验室人工智能社会实验研究中心是国内率先开展人工智能赋能社会治理研究的机构之一。近两年来，该研究中心在就业、教

---

[1] Daron Acemoglu, Andrea Manera, Pascual Restrepo. Does the U. S. tax code favor automation? [J]. Brookings papers on economic activity, 2020：231–300.

[2] Alan Dignam. Artificial intelligence, tech corporate governance and the public interest regulatory response [J]. Cambridge journal of regions, economy and society, 2020，13（1）：37–54.

育、医疗、交通、养老、文化等领域先后开展了人工智能赋能社会治理的大量探索和尝试，并积累了数量可观的研究案例，构建了兼容并蓄的学者社群，“人工智能社会治理实践与研究”系列的案例报告就是这些探索和努力的智识结晶。

毋庸置疑，人工智能技术仍然处于迅速发展阶段，仍面临着相当大的不确定性和复杂性。人工智能既是赋能社会治理的工具，也是社会治理的对象，既可以赋能，也可以“耗能”，如何解决这个双重用途难题是政府和社会所面临的真正挑战。我们在推进人工智能的前瞻性应用的同时，更要预判人工智能的应用风险，只有借鉴社会科学研究的视角和方法，才能找到有效的解决方案，让人工智能真正增进人类福祉。

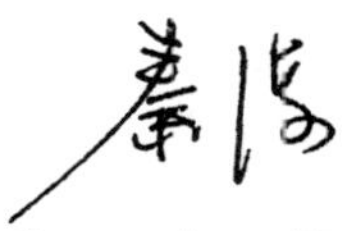

二〇二一年三月

SEQUENCE II

序二

慎思而敏行

人类社会的发展历史，简言之是生产力与生产关系交互作用下螺旋式发展的历史。大家都有共识，科学技术是第一生产力，从这个逻辑出发，我一直认为：科学技术的进步是推动人类进步的根本动力。每一次科学技术的重大进展或科学技术革命都会深刻地影响人类的生产方式、生活方式，甚至是人类的思维方式和行为方式。这点在以往人类社会发展史中已经得到了充分的证明。

科学技术与人类社会耦合发展的过程中，总是充满了正和反的双面效应。有欢乐也有痛苦；有财富的积累，也有自然的破坏；有生命的不断延长，也有大量生命的瞬间消失；有空间方面的便捷，也有心灵方面的纠结……其实，这没有任何不正常，所有的事物都具有两面性，这就是辩证法。科学技术自然也会有两面性，关键是我们如何“弃恶扬善”。

在过去的半个世纪里，信息技术带给我们的变化前所未有。特别是互联网技术，深刻地改变了人类社会的进程。“天涯若比邻”已完全不是诗词中的憧憬，地球似乎变得更小，生产与生活更加便捷，社会治理的模式也随之发生了重大变化。信息化带给我们巨大的快乐和财富，但与此同时，我们也发现数字鸿沟之下，全球的贫富差距并没有缩小，反而在拉大，世界的霸权除了军事拳头又增加了网络手段，犯罪空间除了现实世界又增加了虚拟世界。互联网时代科学技术进步双面效应的“强烈对称”程度超过历史上的任何时期，这导致很多人对信息技术的进一步发展心存戒备。

然而，科学技术进步的脚步非但没有停顿，相反，似乎变得更快了。随着人工智能技术的不断发展，新的应用越来越普及。人们对科学技术带给人类的挑战的担忧也达到了一个新的高度。不少人忧心忡忡，关于人工智能破坏伦理、侵犯隐私、毁灭人性的指责不绝于耳。在媒体的推动下，关于人工智能的争议达到了一个新的高潮。

如何看待这些争议，抓住事物的本质与规律至关重要。

其一，人工智能是科学技术进步的必然产物，于国家至关重要，是战略必争领域。人类从诞生之日起，就从来没有停止过对自己的研究。弄清大脑工作机理，模仿人脑进行思考一直是科学家们的追求。随着计算机技术的发展，高算力和新算法形成，人工智能在一些特定领域展示了远胜于人的能力。这种能力可以渗透到各个领域，将会对国家安全、社会治理、先进制造等诸多战略领域产生重大而深远的影响，可以形成完全非对称的能力优势。因此，各国都把人工智能技术作为战略必争领域。

其二，事物总有两面性，关键是学会辩证思维，做到“弃恶扬善”。正如前文所述，科学技术进步本身并无过，但其应用总会带来正和反的双面效应，这一定是客观规律，争论与否都无法改变这样的事实。争论的好处在于可以让我们更加清醒，有更多的选择。如果因噎废食，那么我们便走向了极端。

其三，人工智能虽然有了明显的技术进步，也有了不少重大应用，但总体上仍处于初级发展阶段，我们离揭开人工智能的本质还相差甚远。要让计算机真正模仿大脑，我们要走的路还很长。现阶段，我们的重点任务仍然是加快发展，不断去攻克一个又一个技术问题。慎思之际，敏行才是至要。

其四，未雨绸缪，约束规范十分必要。人工智能技术已经改变了我们很多，将来必定还会改变我们更多的东西。随着人工智能技术的应用，法律问题、伦理问题、隐私问题等都已经不再是虚幻的担忧，而是已经摆在我们面前的现实问题。因此我们需要制定标准规范，知道该做什么以及该怎么做，这也同样重要。

任何新技术的产生，其应用总会有个“由乱到治”的过程。对人工智能与社会发展耦合关系的理性研究以及对各地实践的总结是十分宝贵的。在过去两年多的时间里，之江实验室在中共中央网络安全和信息化委员会办公室的指导下，一边开展人工智能与社会发展耦合关系的研究，一边参与各领域各省市人工智能应用的规划设计和实践总结。在此基础上，我们编写了本书，我们期待这些初步研究的成果和各种应用的总结能给关注人工智能技术走向的人们带来点滴的启发。从这样的思想出发，我们还真有点迫不及待。还是那句话：慎思而敏行。

朱世强

之江实验室主任

二〇二一年三月

SEQUENCE Ⅲ

序三

建设有人文温度的智能社会[1]

2018年10月31日，中共中央政治局就人工智能发展现状和趋势举行第九次集体学习，习近平总书记在讲话中指出，“要加强人工智能发展的潜在风险研判和防范，维护人民利益和国家安全，确保人工智能安全、可靠、可控。要整合多学科力量，加强人工智能相关法律、伦理、社会问题研究，建立健全保障人工智能健康发展的法律法规、制度体系、伦理道德”。

当前，人工智能、大数据、物联网等新技术、新应用、新业态方兴

[1] 本文是本人于2020年11月23日在“世界互联网大会·互联网发展论坛”主论坛“科技发展与创新驱动”中关于人工智能治理的路径与挑战议题讲话的核心观点，未公开发表，代为序。

未艾，特别是在当下全人类共同携手抗击新冠疫情、助力经济高水平高质量复苏的关键时期，人工智能显示出促进经济发展、推动社会重构的巨大威力，成为我们走向未来的强大动力之一。但同时，从“技术—社会”学理论的角度来看，从公共政策研究的角度来看，以及从社会公众感受的角度来看，人工智能在赋能发展的同时也带来了诸多的挑战，产生了有关法律、隐私、伦理、道德、安全等诸多方面的治理问题。这些问题导致人类社会智能化转型的过程面临着前所未有的风险。

社会公众的这些关切应该得到重视和回应。所有这些问题都是发展中的问题，成长中的问题。这些问题是人工智能技术发展过程中的不确定性所导致的，正是这些不确定性导致了社会风险，诱发了社会脆弱性。其主要体现在以下四个方面：

一是日益庞大、复杂的技术系统导致的综合性技术风险。智能社会依托于复杂的智能系统，系统内任何一个技术子系统甚至组件运行失调都会引起不可控的连锁反应。美国和加拿大2003年8月14日大停电事故就是由于复杂系统的软件错误导致的；波音737MAX空难也是由于“机动特性增强系统”设计缺陷发出错误指令导致的。技术风险将导致其他风险，正如乌尔里希·贝克等学者在《风险社会及其超越：社会理论的关键议题》一书中指出的那样：“在风险社会中，风险一般都会从技术风险自我转换为经济风险、市场风险、健康风险、政治风险等。”[1]

[1] 亚当，贝克，房·龙．风险社会及其超越：社会理论的关键议题［M］．赵延东，马缨，译．北京：北京出版社，2005：334.

二是具有网络效应的超级平台垄断导致的市场风险。人工智能技术的发展，使算法以前所未有的速度和无与伦比的精度处理数据，让拥有高级算法的个体或组织因此获得了极大的权力，形成超级平台，蚕食原有市场中的消费者福利，从而带来市场信任的巨大潜在风险。

三是精准算法产生“信息茧房”，导致群体极化、撕裂从而诱发社会风险。人工智能精准推送产生“信息茧房”现象，使得观点相似的人们在网络空间组成团体，前期拥有的某些价值偏向在网络上集聚后逐渐形成极端的观点，导致群体极化现象，诱发社会对抗与撕裂。此外，随着人工智能的发展，越来越多的工作岗位被智能机器人替代，权力和财富可能逐渐集中在垄断企业和少数群体手中，这也将加剧社会两极分化。史蒂芬·霍金曾断言：“工厂自动化已经让众多传统制造业工人失业，人工智能的兴起很有可能会让失业潮波及中等收入人群。”[1]最近的一些数据显示，从20世纪 80 年代以来，中等收入人群的工作岗位就在大幅减少，这一现象带来社会贫富差距的进一步扩大。

四是由于短期内人们的价值观无法适应新兴技术迅猛发展带来的冲击与挑战，从而产生认知风险。人工智能在隐私、伦理、道德、世界观、价值观等诸多方面颠覆了人类现有的认知，旧“世界”逐渐被打破，但新“世界”的建立还有待时日，这给我们带来了个体的认知风险。

如何看待与应对以上风险？思想家哈贝马斯认为，现代社会出现问题的根源不在于工具理性本身，而在于工具理性超过了自己的界

---

[1] HAWKING. This is the most dangerous time for our planet. The Guardian. [N/OL]. 2016-12-01 [2020-11-20]. https://www.theguardian.com/commentisfree/2016/dec/01/stephen-hawking-dangerous-time-planet-inequality.

限。今天的人工智能技术遇到了同样的问题。中国有一句老话给了我们面对与解决风险的战略定力与治理方略上的启发，那就是“用发展去解决发展过程中的问题”。发展是硬道理，唯有不断创新发展，才能更好地去破解我们当前发展过程中遇到的一些困难。

“凡事预则立，不预则废”。关于如何应对以上风险，我认为需要从以下三个方面做出努力：

1. 致力于建设更具有人文温度的智能社会

所谓有人文温度的智能社会，就是科学技术高度发达，智能技术广泛应用，技术理性和价值理性综合平衡，人—环境—技术和谐共生，社会开放、包容、和谐，人文精神丰富且张扬的以人为本的社会。

自近代科学技术诞生以来，人类社会一直高度关注“技术—社会”问题。1955年，伟大的科学家爱因斯坦和哲学家罗素一起发表《罗素—爱因斯坦宣言》，表达了对核武器的深层次忧虑；1957年，一大批科学家创建了“帕格沃什科学和世界事务会议”，致力于防范核武器对人类的毁灭，寻求人类的可持续发展之道。我的哈佛大学肯尼迪政府学院的导师约翰·霍尔德伦教授长期担任该组织主席。1972年，丹尼斯·米都斯等发表《增长的极限：罗马俱乐部关于人类困境的报告》，再次敲响了资源、能源和人口的爆炸性的警钟。2016年，美国总统办公室发表了《人工智能、自动化与经济报告》，预测了人工智能对社会就业带来的“毁灭性破坏”。

为了应对科学技术可能带来的社会问题，加强科技发展中的人文关怀，在1924年，哈佛大学梅奥教授和他的同事们，在美国一个叫作霍桑的小镇，采用社会实验的方式研究工业化社会的机器、组织与人，研究当农民被工业化大生产组织起来，离开土地进入工厂后发生的变化，发表了名著《工业文明的人类问题》（*The Human Problems of an Industrial Civilization*）与《工业文明的社会问题》（*The Social Problems of an Industrial Civilization*）。“霍桑实验”成为工业化时代学者探索科学技术与人类社会关系的典范。

在工业社会向智能社会转型的当下，面对人工智能技术对当代社会的重组与解构，我们有必要记录人类社会从工业化社会向智能社会转轨的变化过程，探微智能社会的治理之道，让我们的社会更安全、更智能、更美好、更有人文温度。

2. 努力推动开展人工智能社会实验

人工智能社会实验是指利用政府和市场的力量推动特定人工智能技术在社会治理中广泛应用，并通过建立实验组和对照组、科学抽样和伦理审查，将应用过程中产生的泛意性影响转变为内涵清晰、概念准确的可测度变量，采用科学的方法进行测量和数据处理，形成技术规范、技术标准、政策建议等反馈给企业和政府相关部门，促进人工智能技术良性发展，保障国家治理体系和治理能力现代化。

80多年前，梁漱溟先生以他的情怀和对乡土中国的无限的爱，在一个叫作邹平的山村开展社会实验，致力于推动社会变革和进步。尽管他们的实验被战争炮声所淹没，但梁漱溟先生和他的同事们给我们留下的背影一直没有远去。

针对人工智能的社会影响问题，2019年春，清华大学、浙江大学、北京大学、中国人民大学的专家学者，汇集全国计算机科学、社会学、心理学、医学等领域的智力资源，率先联名向中央提交了《关于开展长周期、宽区域、多学科人工智能社会实验的建议》，受到中央领导同志的高度重视。在中央统一部署下，国家一些部委和地方政府，选择城市、乡村、教育、医疗、能源、环境、养老等领域，启动了长周期、宽领域、多学科人工智能社会实验探索，形成了一批创新性强、亮点突出的实践案例。我所在的清华大学也组织召开了"第一届全国人工智能社会实验学术会议"等一系列会议与交流平台，邀请了图灵奖得主姚期智院士等知名学者发表观点，传播智慧。清华大学还专门成立了智能社会治理研究院，统筹全校的人工智能社会实验组织、研究和人才培养工作。当前，在学术界、政治领导人和行政部门的通力协作下，人工智能社会实验的统筹规划、顶层设计、组织建设、人才培养、重点领域和示范基地遴选等已经在全国有序展开，实现了"理论研究—政策建议—政治决策—行政执行—组织实施"的全循环。

在智能化浪潮滚滚而来的今天，我们要充分发挥我国人工智能技术发展迅猛、应用广泛深入的有利条件，选准相关领域和实验场景，积极主动、科学规范地开展人工智能社会实验，采用科学循证的手段和方法来记录、测量和研判人工智能对人类社会带来的各种影响，为构建人工智能健康发展的法律法规、制度体系、伦理道德提供第一手的循证数据。

3．塑造智能社会精神文明

智能社会是人类从未触及的蓝海，是我们的未来，唯有人类精神的光芒和人格的力量才能照亮我们的前程。面向未来，我们要未雨绸缪，现在就要锻造未来智能社会思想基础。我们要动员全社会的力量，提升全社会特别是青少年的智能社会素养，加强“算法价值观”的研究和引导，塑造智能社会的精神文明。

智能社会素养将是我们在未来社会需要具备的基础素养，也是未来人类永葆创新发展活力的源泉。我们要面向未来，及时且适当地在高校、中小学设立智能社会素养相关课程，组织跨学科队伍编写智能社会素养教材；将智能社会素养纳入干部培训体系，提升干部队伍的智能社会治理能力；开展智能社会素养监测，科学精准评估公众智能社会素养水平；充分利用技术创新成果，研发有助于提升智能社会素养的益智游戏产品，建立智能社会素养培育的融媒体传播平台；积极开展智能社会素养教学案例库建设，多渠道、多形式地促进公众智能社会素养提升。

苏竣

清华大学智能社会治理研究院院长

国家人工智能社会实验专家组组长

二〇二一年三月三十日

CONTENTS

目录

缘起篇

开展人工智能社会治理实践与研究

第一章 1 开展人工智能社会治理实践与研究的必要性 / 2

一、人工智能技术蓬勃发展 / 2

1. 人工智能之孟春——诞生 / 4

2. 人工智能之盛夏——繁荣 / 4

3. 人工智能之寒冬——质疑 / 5

4. 人工智能之仲春——再生 / 6

5. 人工智能之梅雨——徘徊 / 7

6. 人工智能之季春——繁花似锦 / 7

二、人类即将迈入智慧社会 / 8

三、人工智能发展已成为国家战略 / 10

1．人工智能是引领未来的战略性技术 / 11
2．人工智能成为经济发展的新引擎 / 12
3．人工智能给社会发展带来的新机遇 / 13
四、人工智能社会影响引起各界关注 / 14
1．人工智能技术发展与应用带来新的挑战 / 14
2．我国人工智能技术应用的独特性 / 15
3．科学界的敏感与政府的谨慎 / 15

第二章 2 人工智能社会治理实践与研究 / 17
一、人工智能 / 17
1．人工智能是一门科学 / 18
2．人工智能是一种技术 / 18
3．人工智能是一个机器 / 19
4．人工智能是一组计算机程序 / 19
5．人工智能是一个产业集群 / 19
二、社会实践与研究 / 20
1．社会学的形成 / 21
2．狭义的实验性的社会研究 / 23
3．广义的结合实践与实验的社会研究 / 24
三、开展人工智能社会治理实践与研究 / 25
1．一种敏行慎思的积极态度 / 25
2．一项长期的研究课题 / 26
3．一个系统的科技与社会耦合关系的认知论 / 27

现状篇

人工智能社会应用与治理

第三章
3
人工智能在社会中的广泛应用 / 30

一、物联网 / 30

二、计算机视觉 / 32

三、生物识别 / 33

四、自然语言处理 / 34

五、大数据处理 / 35

第四章
4
人工智能在社会治理中的机遇与挑战 / 37

一、人工智能提高公共服务效率和质量 / 38

二、人工智能提升社会治理现代化水平 / 40

1．人工智能推动社会治理社会化 / 41

2．人工智能推动社会治理法治化 / 42

3．人工智能推动社会治理智能化 / 42

4．人工智能推动社会治理专业化 / 42

三、人工智能带来社会治理全新挑战 / 43

1．法律法规 / 44

2．伦理道德 / 45

路径篇

实践和研究推动人工智能应用

第五章 5 就业——冲击就业　赋能乐业 / 48

一、人工智能时代的就业赋能 / 48

1．替代繁重的重复性工作 / 49

2．解决劳动力短缺问题 / 51

二、人工智能时代的就业隐忧 / 54

1．人工智能技术应用对就业结构的冲击 / 54

2．人工智能技术应用对社会公平的影响 / 58

3．人工智能时代人才培养的挑战 / 59

三、在实践中探索解决方案 / 64

1．美国“负所得税（NIT）”随机对照试验 / 65

2．“普遍基本收入”实验 / 66

3．我国的就业问题的实践与研究 / 69

第六章 6 教育——启迪智慧　面向未来 / 72

一、我国当代教育的主要问题 / 73

1．教育资源配置的公平性问题 / 73

2．教育服务的个性化问题 / 74

3．教育治理现代化任务 / 75

二、人工智能在教育领域的应用现状 / 76

1．教育信息化的应用基础 / 77

2．为实现个性化教育提供技术支持 / 78

3．应用场景涉足教育各个环节 / 79

4．产品仍以外置型技术辅助为主 / 80

三、人工智能在教育行业应用中的问题 / 81

1．阶段性扩大教育不平等 / 81

2．对行业生态的冲击 / 82

3．应用效果存在不确定性 / 84

4．安全、伦理问题的争议 / 85

四、教育领域人工智能社会实践与研究探索解决方案 / 86

1．建设示范区、开展试点性的工作 / 87

2．开展基于大数据的治理实践 / 90

3．场景化的产品测评 / 92

4．长期的社会学、社会心理学观察研究 / 93

第七章 7 医疗——医者仁心更需仁智 / 97

一、医疗领域人工智能应用的重要价值 / 98

1．提升诊断质量 / 99

2．实现风险预警 / 100

3．支持药物研发 / 102

4．辅助外科手术 / 102

二、医疗领域人工智能发展状况及典型案例 / 103

1. 人工智能医学影像 / 103
2. 人工智能辅助诊断 / 104
3. 手术机器人 / 105
4. 人工智能药物研发 / 106
三、挑战与风险并存 / 108
1. 技术应用领域的挑战与风险 / 108
2. 伦理道德领域的挑战与风险 / 109
四、医疗领域人工智能社会治理实践与研究的意义 / 111
1. 推动数据安全与医疗伦理的规范治理 / 112
2. 提升公众就医体验及医疗质量 / 113
3. 增强公共卫生领域抵抗重大风险的能力 / 114
4. 深入挖掘并满足公众医疗需求 / 115

第八章 8 交通——天下熙熙　线上攘攘 / 116
一、人工智能在交通领域的应用现状 / 117
1. 人工智能赋能智慧道路 / 117
2. 人工智能赋能智慧交通调度 / 121
3. 人工智能赋能智慧交通工具 / 125
二、人工智能时代交通领域面临的问题与挑战 / 127
1. 机器识别的稳定性与可靠性 / 127
2. 智慧交通的投入产出比 / 128
3. 隐私安全、信任安全与伦理 / 128
4. 行业生态的改变与行业治理体制的挑战 / 130

三、人工智能社会研究为智慧交通护航 / 130
1. 智能交通系统研究示范 / 131
2. 信息安全与技术治理研究 / 132
3. 产品功能的场景化测试 / 134
4. 城市道路交通仿真系统探索 / 135

第九章 9 养老——人工智能还需人间温情 / 138
一、人工智能为破解养老问题打开新空间 / 139
1. 提升老年人生活质量 / 139
2. 提升养老产品和服务的精准化水平 / 140
3. 缓解养老服务人力资源短缺 / 140
4. 满足老年人精神生活需求 / 141
二、人工智能在养老领域的应用场景 / 141
1. 以智能家居打造没有围墙的养老院 / 142
2. 以智能健康监测推进主动式健康管理 / 145
3. 以智能养老服务机器人缓解养老服务压力 / 147
4. 以智能康复辅具提升老年人康复水平 / 148
5. 以智能应用场景需求加快提升智能化养老能力 / 150
三、人工智能在养老领域应用面临的问题和挑战 / 153
1. 技术应用与创新问题待破解 / 154
2. 对传统养老伦理带来冲击和挑战 / 154
3. 引发就业结构性变化 / 155
4. 对相关法律法规、制度建设提出新的要求 / 155

四、以社会研究推动和完善人工智能养老 / 156
1. 促进技术创新应用与产品研发 / 156
2. 加强伦理道德反思及风险识别 / 157
3. 促进养老模式创新 / 159
4. 完善相关制度与法律规范 / 160

第十章 10 文化——智能内容生产　柔性文化治理 / 161
一、人工智能在文化领域的应用现状 / 162
1. 人工智能在文化产品创意和创作中的应用 / 162
2. 人工智能在文化产品制作环节中的应用 / 164
3. 人工智能在文化产品营销环节中的应用 / 165
4. 人工智能催生文化产品新形式 / 167
二、人工智能在文化领域应用的影响 / 168
1. 对文化产品意识形态功能的影响 / 168
2. 对创作者创造力和创新性的影响 / 168
3. 对文化产品知识产权的影响 / 169
4. 对文化产品内容质量的影响 / 170
5. 对个人数据隐私和安全的影响 / 171
三、在文化领域开展社会研究与实践的目的 / 172
1. 寻找知识产权保护的依据 / 172
2. 探索个人数据隐私立法和监管的边界 / 173
3. 追寻“文化基因”的来源 / 174
4. 制定人工智能创作物法律规范 / 176

启示篇

一些有启发意义的社会实践与研究

第十一章 11 经典社会治理实践案例 / 178

一、定县实验 / 182

二、邹平实验 / 184

三、清河实验 / 186

四、江村实践 / 189

五、美国的社区研究和工厂实验 / 191

1. 社区研究 / 191

2. 工厂实验 / 193

第十二章 12 互联网社会科学研究 / 196

一、互联网条件下的社会科学研究 / 196

二、“网络田野”调查 / 200

1. 自动驾驶汽车的社会意识研究 / 201

2. 机器的道德决策研究 / 202

第十三章 13 广义的“浸入式”社会实践案例 / 206

一、长丰性别平等社会实践 / 206

二、日本“儿童食堂” / 208

展望篇

人工智能社会治理研究的全球协同

第十四章 14 全人类共同的命题 / 212

一、新技术与新的治理挑战 / 212

1．原有问题更加复杂 / 212

2．新的全球问题浮现 / 214

二、充满不确定性的政策选择 / 215

1．技术安全的问题 / 215

2．伦理规范的挑战 / 216

3．数据隐私的安全 / 217

第十五章 15 美国的实证——轻监管促创新重发展 / 219

一、政策设计助推创新与发展 / 219

二、监管政策重视科学性与灵活性 / 221

三、使用不监管和非监管措施 / 222

第十六章 16 欧盟的哲思——以人为本伦理优先 / 223

一、以人为本的人工智能治理理念 / 223

二、构建可信人工智能的伦理指南 / 224

三、制定算法透明与责任治理框架 / 226

第十七章
17
从科技中心主义到科技人文协作 / 229
一、多层次的治理体系 / 229
二、多学科的协同参与 / 230
三、多形式的国际合作 / 231

缘起篇

开展人工智能社会治理实践与研究

进入 21 世纪，科技革命和产业变革厚积薄发，尤其以人工智能、大数据及互联网等为核心的信息技术突飞猛进，给全球经济注入了全新生机，也带来了一系列潜在风险与挑战。这引起社会各界的高度关注。上溯至 2019 年 8 月，科技部出台《国家新一代人工智能创新发展试验区建设工作指引》，将政策试验和社会实验正式写进文件，一项既谨慎又乐观的人工智能社会治理实践与研究工作正在中国快速展开。

人工智能社会治理实践与研究是关于人工智能赋能社会生产和治理的一系列考察与研究工作。该工作涵盖从组织实施、调查研究、实验研究、综合分析到政策建议的全过程。该工作关注的内容包括但不限于人工智能在社会治理应用过程中产生的应用融合、影响评价、趋势预测、伦理反思、制度创新等一系列问题。它表现出一种敏行慎思的积极态度，是一项长期的研究课题，形成了一个系统的科技与社会耦合关系的认知论。

1

第一章

开展人工智能社会治理实践与研究的必要性

一、人工智能技术蓬勃发展

20年前当我们在科幻电影里看到智能对话机器人、自动驾驶汽车、利用人脸识别系统开门的场景时，我们觉得一切都是那么的不可思议。然而多年后的今天，我们现在生活的世界已经和当年科幻电影里的场景相差无几了。这一切的改变都得益于人工智能技术的进步，它使机器像智慧生物一样分析数据，从数据中学习知识，并利用这些学到的知识去完成以前只有智慧生物才能完成的任务。自从20世纪50年代首次提出人工智能（Artificial Intelligence，AI）的概念，在之后的半个多世纪里，人工智能技术大多停留在学术探讨阶段，鲜有实际应用。随着大数据时代的到来以及计算机运算能力的提高，越来越多的人工智能技术已经从学术走向应用，从实验室走向我们的日常生活。

人工智能一直以来都是人类的一个梦想：从有着人一样的外形与智慧并有超人能力的神仙，到《三国演义》里的木牛流马，再到后来科幻小说里的人形机器人。不同于先贤对人工智能的幻想，现代人工智能起源于哲学家采用机械运算对人类思维过程的描述。正是这些工作催生了世界上第一台可编程数字计算机，以及后续关于建造电子脑可行性的科学讨论。

真正的人工智能学术概念诞生于1956年，由美国计算机科学家约翰·麦卡锡（John McCarthy）发起的在达特茅斯召开的人工智能夏季研讨会。与会的主要人物（后来都成了人工智能领域的领军人物）都乐观地预测用不了几年就能实现真正意义上的人工智能。届时，机器将像人一样有认知、有情感还有群体智能，我们将无法区别机器智能与人类智能。然而科技的进步与发展并非一帆风顺，时间已经向我们证明人工智能技术也不例外（图1-1）：数次经历寒冬的冷冽、夏日的炙烤，以及寒来暑往几度春秋，人工智能技术才发展到今天的水平。

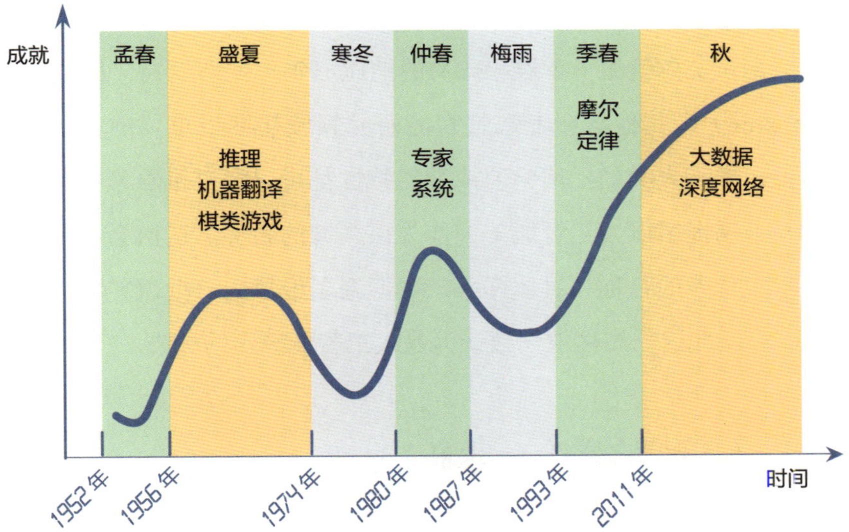

图1-1 人工智能发展历程示意

1. 人工智能之孟春——诞生

虽然从20世纪40—50年代起就有一大批来自数学、心理学、工程、电子电器等领域的科学家开始探讨建造电子脑是否具有可行性，但是人们将人工智能作为一门独立学科来研究却始于1956年。相关的早期研究多源自20世纪30—40年代盛行的几种关于人脑思考过程的理论。20世纪50年代初，一大批新的研究成果，特别是对大脑神经元功能的认识、诺伯特·维纳（Norbert Wiener）的控制论、克劳德·艾尔伍德·香农（Claude Elwood Shannon）的信息论和艾伦·图灵（Alan Turing）的计算理论，为建造电子脑提供了理论依据。

这些相关的研究成果直接催生了1956年的达特茅斯会议。会议组织者马文·明斯基（Marvin Minsky）、约翰·麦卡锡及麻省理工学院的克劳德·艾尔伍德·香农和IBM的纳撒尼尔·罗切斯特（Nathaniel Rochester）等其他与会者都是智能研究领域初期最重要的人物。会议指出，未来人类的任何学习或智能特性都可以通过机器来模仿。约翰·麦卡锡提出以人工智能一词作为该领域的名称。这次会议不仅确定了人工智能的名称和具体任务，更汇聚了最早的一批研究者和第一批成就，因此这一事件被一致认为是人工智能诞生的标志。

2. 人工智能之盛夏——繁荣

达特茅斯会议后，人工智能研究进入了首个繁荣期，涌现了一大批令人惊奇的成果：计算机不仅能自动求解代数题，证明几何定理，还能说英文。这些成果使不少人乐观地认为20年内就可以制造出象人一样高智能的计算机。相应地，人们对人工智能研究的经费投入也大量增加。而且这些经费投入几乎都是无条件的，允许研究者做任何感兴趣的方向，由此催生了许多新的成果和应用领域。

通用问题求解器是这些成果之一。早期的智能程序大多使用相同的基本算法：为发现一个目标，一步步地尝试着往前推进；如果遇到了死胡同，则回溯到原点，进行新的尝试。这样的过程就像是在迷宫里找出路，如果迷宫很大，那么需要搜索的可能路径将是一个天文数字，出现所谓的指数爆炸。为此，科学家开始尝试启发式算法，通过将那些不太可能导出正确结果的支路排除，实现缩小搜索范围的目的。艾伦·纽厄尔（Allen Newell）与赫伯特·西蒙（Herbert Simon）将这一思路进行扩展，尝试开发通用问题求解器。这一时期开发的基于搜索算法的几何与代数问题程序，如赫伯特·格兰特（Herbert Gerlenter）的几何定理证明机（1958）和马文·明斯基的学生詹姆斯·斯拉格（James Slagle）的SAINT等，给人们留下了深刻印象。

3. 人工智能之寒冬——质疑

对人工智能技术的乐观估计催生了过高的期望。然而十多年间巨大的经费投入却没有研究出令人满意的成果，更没有兑现研究初期的承诺。20世纪70年代人工智能技术的发展进入首个瓶颈期：研究成果受到广泛质疑，大量研发经费被撤走。

1973年，詹姆斯·莱特希尔爵士（Sir James Lighthill）发表了英国人工智能研究状况的报告，指出人工智能在实现其“宏伟目标”的道路上是完全失败的。这一报告直接导致了英国人工智能研究的低潮，此后一年基本上没有任何资助用于人工智能研究。

4. 人工智能之仲春——再生

寒冬过后，人工智能技术迎来了新的发展期。这一时期，专家系统与知识工程成为人工智能技术研究的主流，日本开启第五代计算机计划并投入大量资金，以人工神经网络为基础的联结主义技术获得重生。

所谓的专家系统是指计算程序能够利用从专家知识库上建立起来的逻辑规则回答或者解决某一特殊领域的具体问题。由爱德华·阿尔伯特·费根鲍姆（Edward Albert Feigenbaum）和他的学生在1965年开发的DENDRAL程序是最早的专家系统，它被应用于从分光仪中鉴别化学成分。由于专家系统的功能完全取决于其中包含的专家知识，基于知识的系统开发和知识工程成为20世纪80年代人工智能技术的主要研究焦点。

在计算机技术飞速发展的这一美好阶段，神经网络也不负春光开始发芽。1982年，约翰·霍普菲尔德（John Hopfield）发现某一种人工神经网络能够以一种完全不同的形式学习知识、处理信息。大约在同一时间，杰弗里·辛顿（Geoffrey Hinton）和大卫·鲁梅哈特（David Rumelhart）在逆向自动微分的基础上推广了用于训练人工神经网络的反向传播算法，并由保罗·韦伯斯（Paul Werbos）应用于人工神经网络。随着人工神经网络作为驱动引擎在光学字符和语音识别等程序中的应用，人工智能的应用前景变得明朗起来。

5．人工智能之梅雨——徘徊

1987年苹果公司和IBM公司推出的个人计算机在性能上超越了更贵的Lisp和Symbolics机器，而后两者是当时最主要的人工智能应用硬件。个人计算机的价格与性能优势一夜之间让市值上亿美元的人工智能硬件产业严重缩水，并最终蔓延至人工智能研究。人们开始认识到早期成功的专家系统存在诸如维护费用高、更新难、鲁棒性差等缺点，并且应用场景有限。

随之而来的是人工智能研究经费的大量缩减。20世纪80年代后期，美国战略计算促进会（Strategic Computing Initiative）直接切断了任何关于人工智能研究的资助；当时美国国防部高级研究计划局领导指出人工智能技术不是重点发展方向，研究经费应投向能更快出成果的领域。日本也一样，经过10年的经费投入，第五代计算机计划并没有达到预期效果。到1993年年底，已有300多家人工智能公司倒闭、破产或被收购，结束了人工智能的第一次商业浪潮。

6．人工智能之季春——繁花似锦

虽然人工智能技术经历了两次起落，但科学界仍然没有形成有关失败的统一认识。相反地，这些不同的意见促进了人工智能技术不同分支领域的蓬勃发展。

突破首先来自计算机硬件性能。1997年，IBM超级计算机的运算速度为每秒近4亿次运算。计算性能的提升带来了一大批之前不可想象的成果。深蓝（Deep Blue）象棋系统第一次击败了国际象棋大师加里·基莫维奇·卡斯帕罗夫（Garry Kimovich Kasparov）。这场世纪对决以网络直播的方式吸引了全球7400万人观看。2005年，美国斯坦福大学的自动驾驶机器人在沙漠小路上自主行驶131英里（1英里=1.61千米），赢得了美国国防部高级研究计划局的自动驾驶汽车挑战赛冠军。两年后，卡内基梅隆大学团队开发的自动驾驶汽车不仅能够在城市环境中自主行驶55英里，同时还能遵守所有交通法规，依靠这些技术该团队赢得了美国国防部高级研究计划局的城市挑战赛的冠军。这些成功并不是因为人工智能科学出现了一些革命性新范例，而主要是得益于运算速度和内存容量的巨大增长。正如摩尔定律指出计算机的运算速度和内存容量每两年翻一番，到1997年，深蓝已经比1951年的费兰蒂·马克Ⅰ型计算机快了1000万倍。原始受限于运算速度的人工智能技术又焕发出新的活力。

二、人类即将迈入智慧社会

在漫长的人类社会发展史上，科学技术从未像当代这样，以日新月异的速度完成自身更迭，摧枯拉朽般重塑生产、流通、消费等方式，并渗入经济、社会、生活的方方面面，进而改变了社会分工与社会结构，推进人类社会发展。

洞察到信息化对人类社会的影响，IBM于2008年11月率先提出“智慧地球”的概念，其主要由三大要素构成：物联化、互联化及智能化。物联化是指人们可以更清晰地感知与丈量世界的根本与改变；互联化是指人们推动全球更深入地互联互存；智能化是指一切事物、流程、运行方式均能达到更高级的自动化程度，企业也由此得到更智能的观察力。虽然IBM提出这一概念有其商业目的，但是对“智慧”理念的描述启发了全球的物联网信息化建设，智慧城市、智慧医疗、智慧交通等应用也逐渐走入人们的视野。

早在2016年年初，日本内阁会议就制定了第五期（2016—2020年）科学技术基本计划（以下简称“计划”）。其中最为显眼的就是第一次提出了“超智能社会”一词，即“社会5.0”，能够将信息通信技术（ICT）最大限度地利用起来，借助网络和物理空间（现实世界）两者的结合给人们创造出更先进的智能社会。“社会5.0”能够掌握社会的种种细分需求，将必要的物品和服务在必要时以必要的程度提供给需要的人，能够充分满足用户复杂多元的各类需求，并发掘潜在需求，为人类活动提供多元服务，使不同地区与年龄的人群均能得到同样的优质服务，打造出任何人均能为他人提供服务的外部环境。人类将和改善生活品质的机器人、人工智能技术和谐共存。另外，“社会5.0”还有“继狩猎社会、农耕社会、工业社会、信息社会之后，由科技创新引领社会变革所诞生的新型社会”这一层含义。[1]

[1] 薛亮．日本推动实现超智能社会“社会5.0”［EB/OL］．（2017-04-05）［2020-08-18］．http://www.istis.sh.cn/list/list.aspx?id=10535．

我国对人工智能发展的进步极为关注，既在理论研究、技术研发上给予倾力扶持，又加速助力人工智能和实体经济的深度合作，对人工智能在国家治理、社会治理中发挥的作用寄予厚望。

2017年11月，党的十九大报告中正式提出构建“智慧社会”，“创新”成为助力社会发展的重要动力，成为现代化经济体系构建的战略支持。以世界科技尖端为目标，重视基础研究，努力迈向前瞻性基础研究，助力原创成果取得质的飞跃。强化应用基础研究，不断增加国家重大科技项目，着重在颠覆性技术、关键共性技术、前沿引领技术及现代工程技术方面有所开创，为建设科技、航天、交通及网络强国，打造数字中国，构建智慧社会提供强有力的支持。

虽然对于智慧社会的内涵理解仍然存在诸多细节上的不同意见，但是各国政府和全世界人民对人类社会的发展趋势已有高度共识——从信息社会进入智能社会进而走向智慧社会是不可阻挡的。

三、人工智能发展已成为国家战略

进入21世纪，人工智能有关学科不断取得突破性成果，理论创新、技术进步、软硬件快速升级等持续发力，这些正带动链式反应，促使经济社会多个领域逐步由数字化、网络化过渡到智能化阶段，人工智能科学、技术及有关产业已成为国际竞争的核心。

1. 人工智能是引领未来的战略性技术

2017年1月，美国公布了《2016—2045年新兴科技趋势》[1]报告。该报告是在之前的5年里由美国政府部门、咨询和科研机构、各大智囊团等取得的32份与科技走向直接关联的报告调研梳理而成的，对未来科技发展的20项最具有可行性的趋向做了预判。从量子力学到纳米材料，从太空技术到淡水与食物，在这20项与人类命运息息相关面向未来的科技发展趋势当中，居然半数以上都与人工智能有关，包括脑机结合的人类增强、混合现实、机器人与自动化、智能手机与云端等。人工智能技术的重要性和前瞻性可见一斑。

目前，全球主要发达国家已将人工智能领域看成提高国家竞争力、实现国家安全的重要战略高地，竞相部署关键技术、标准规范及尖端人才等重要方面，致力于在未来国际科技竞争中取得主导地位。我国如今面临更加严峻的国家安全与国际竞争形势，需放眼全球，将人工智能作为国家战略层面资源进行全面布局、积极筹划，在以人工智能为核心的国际竞争中掌握战略话语权，争取竞争新优势、开拓发展新空间，如此方能有效保障国家安全。

[1] 美国陆军智库. 2016—2045年新兴科技趋势［EB/OL］.（2017-01-07）［2020-08-18］. http://www.199it.com/archives/554626.html.

2. 人工智能成为经济发展的新引擎

人工智能将成为新一轮产业革命的核心推动力，这已经成为政府与社会各界的普遍共识。在未来的科技与产业变革中人工智能将进一步释放自身蕴含的无穷力量，以强有力的创新引擎，构建起生产、分配、交换及消费等多个经济活动新环节，使宏观至微观多领域的智能化新需求得到满足，进而催生出新产品、新技术、新产业、新业态、新模式，促使经济结构产生根本性的改变，为人类生产生活带来全新的方式与思维模式，助力全社会生产力获得整体性进步。

2018年12月的中央经济工作会议于北京召开，会议就基础设施建设给予了全新界定，将人工智能、物联网、工业互联网及第五代移动通信技术（5G）作为“新型基础设施建设”（以下简称“新基建”）。随后，在2019年的政府工作报告中，我国将“加强新一代信息基础设施建设”作为重要工作内容予以强化。相对于传统基础设施建设，这些新型基础设施建设有着更丰富的内涵和更广泛的范畴，更彰显数字经济的本质，并将更加有效地助力我国经济快速转型升级。

2020年年初，新冠肺炎疫情来袭，人民的生产、消费活动遭受到严重打击。为了保证社会经济平稳运行，各级政府一边积极抗疫一边密集部署新型基础设施，重视程度空前。4月20日，国家发展改革委在新闻发布会上就“新基建”涵盖的三项内容做出明晰界定：第一，信息基础设施。集中表现为在新一代信息技术基础上形成的基础设施，如以云计算、区块链及人工智能为核心的新技术基础设施；突出以数据中心与智能计算中心为首的算力基础设施；5G、物联网、工业和卫星互联网等通信网络基础设施等。第二，融合基础设施。集中表现为深入发掘大数据、互联网、人工智能等技术，推动传统基础设施升级转型，由此产生融合基础设施，诸如智慧能源和智能交通等基础设施。第三，创新基础设施。集中表现在科学研究、技术开发及产品生产等领域，突出公益性质的基础设施，诸如科教、重大科技及产业技术创新等基础设施。

在新冠肺炎疫情的影响下，人类社会的生活和工作方式发生了颠覆性的变革，人工智能相关技术与应用快速渗透，人工智能也因此站在了新型基础设施建设舞台的中央，进一步推动产业实现智能化的转型升级和新旧动能的转换，为世界经济发展带来不可估量的影响。

3. 人工智能给社会发展带来的新机遇

我国正值全面建成小康社会的关键时期，人口老龄化、区域发展不均衡及资源环境制约等诸多束缚仍十分严重，目前人工智能在教育、医疗、卫生、环保、司法服务及城市治理等领域已获得较为广泛的应用与推广，公共服务的精准化水平有了显著改进，人民生活品质明显得到改善。人工智能可实现精准感知、预测社会发展的未来走向，及时把握群体认知与心理变化，主动筹谋规划，使社会治理能力与水平显著提升，在帮助实现社会稳定方面意义重大。2017年7月，《国务院关于印发新一代人工智能发展规划的通知》（国发〔2017〕35号）正式对外发布，标志着人工智能产业发展已经成为我国当前的国家战略。2018年9月17日，世界人工智能大会在上海开幕，习近平主席致电祝贺，贺信中指出："新一代人工智能正在全球范围内蓬勃兴起，为经济社会发展注入了新动能，正在深刻改变人们的生产生活方式。""中国正致力于实现高质量发展，人工智能发展应用将有力提高经济社会发展智能化水平，有效增强公共服务和城市管理能力。"

总之，全新一代的人工智能相关科技进步正在逐步形成更广泛而深入的影响力，带动经济进步、科技变革，给产业结构、社会投资与就业、民生幸福及国际政治经济格局带来全方位的变化。

四、人工智能社会影响引起各界关注

1. 人工智能技术发展与应用带来新的挑战

人工智能已然成为谱写全新未来的变革性技术，给社会治理现代化的能力、水平提升带来全新契机，也给法律法规及伦理道德等诸多领域的社会治理带来严峻考验。如在人工智能应用过程中发现了从前社会运行中从未遭遇过的问题，超出原有诸多法律法规的规制范围，比如知识产权、人权及数据等保护问题，侵权责任的认定问题等。此外，人工智能技术的逐步普及也带来了史无前例的伦理困局，包括公平、安全、人和机器间的伦理关系等问题。

总之，人工智能将对政府管理、社会安定、经济安全及全球治理形成根本性影响。在全面推进人工智能应用时，人们也要对其可能产生的各种安全风险挑战给予关注，强化预防和"有限制"地科学指导，尽可能将风险控制在一定范围内，助力人工智能安全、可靠、可控发展。

2. 我国人工智能技术应用的独特性

在社会各界的共同努力下，我国在人工智能领域已然有了突破性进步，国际科技论文发表与发明专利授权等数量均稳居全球第二，部分领域核心技术已获得突破性进展。人工智能创新创业更为频繁，一些龙头骨干企业高速进步，已获得国际普遍认可与重视。技术能力加快积累，数据资源不断增加，应用需求逐步扩大，市场环境进一步开放，这些要素有机结合起来，形成了我国人工智能发展领域的独有优势。

特别是在新冠肺炎疫情期间，人工智能助力社会数字化治理，在疫情防控与有序复工复产过程中大放异彩。可以说在人工智能技术赋能社会生产与社会治理领域，我国正成为当前人工智能技术应用的最大试验场。

3. 科学界的敏感与政府的谨慎

出于对人工智能对人类社会影响的高度关注，2019年世界人工智能大会专门设立以“合作治理　共创未来”为题的人工智能治理论坛，我国青年科学家代表公开发表《中国青年科学家2019人工智能创新治理上海宣言》，该宣言强调了人工智能技术发展应遵守的安全、伦理、社会及法律四个方面的责任与原则，凸显了我国青年科学家在世界人工智能伦理道德领域勇于承担的责任心与使命感。

2019年8月，科技部再次出台《国家新一代人工智能创新发展试验区建设工作指引》，其中重点任务中明确指出：

（1）开展人工智能技术应用示范，探索促进人工智能与经济社会发展深度融合的新路径。

（2）开展人工智能政策试验，营造有利于人工智能创新发展的制度环境。

（3）开展人工智能社会实验，探索智能时代政府治理的新方法、新手段。

（4）推进人工智能基础设施建设，强化人工智能创新发展的条件支撑。

一场既谨慎又乐观的人工智能社会治理实践与研究正在中国快速展开。

2

第二章

人工智能社会治理实践与研究

一、人工智能

人工智能已经是人们耳熟能详的一个词，当人们提及人工智能的时候，人们具体在谈论什么呢（图2-1）?

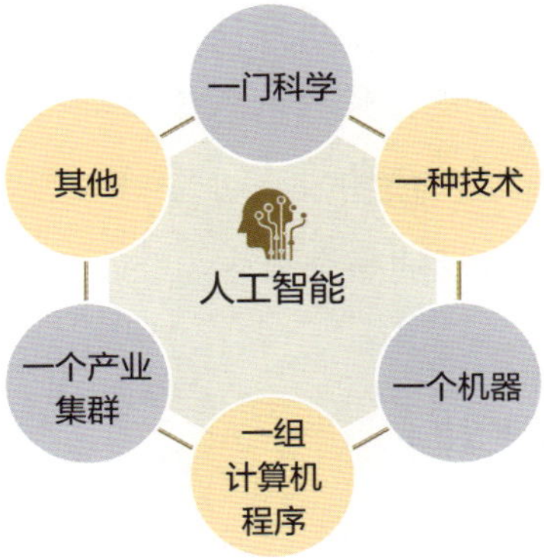

图2-1 关于人工智能的主要概念

计算机科学界普遍认为人工智能概念诞生于1956年达特茅斯会议，参会人员将人工智能总结为“让机器能像人那样认知、思考和学习，即计算机模拟人工智能”，并列举了七类人工智能领域的核心问题，即“自动计算机、计算机编程、神经网络、计算机的复杂度、自我学习与提高、抽象能力以及随机性与创造力”。[1]而人工智能发展全面推进时，由于涵盖的领域非常广泛，关于人工智能存在多种定义方式，导致人工智能的概念从内涵到外延都呈现出百花齐放的状态。

1. 人工智能是一门科学

这一观点的代表人物是美国斯坦福大学的尼尔斯·约翰·尼尔森（Nils John Nilsson）教授，他提出“人工智能表现为与知识的科学密切关联，能表达知识及获取知识并应用知识的科学”。

类似的科学说还有国际标准化组织（ISO）/国际电工委员会（IEC）联合计划委员会对人工智能给予的界定：一个跨学科领域，一般被看成计算机科学的分支，具有与人类智能相类似功能的模型和系统，如推理和学习。[2]但是与尼尔斯·尼尔森教授不同，这一定义仅把人工智能归类为计算机科学的一个分支。

2. 人工智能是一种技术

人民出版社出版的《人工智能读本》中定义：人工智能是模拟实

---

[1] 中国人工智能2.0发展战略研究项目组. 中国人工智2.0发展战略研究［M］. 杭州：浙江大学出版社，2018：3.

[2] 国际电工委员会（IEC）. 面向行业应用的人工智能［M］. 全球能源互联网研究院有限公司，译. 北京：中国电力出版社，2019：4.

现人的抽象思维和智能行为的技术。

3．人工智能是一个机器

国际电工委员会的白皮书《边缘智能》（*Edge Intelligence*）中写道："一个模拟人类所具备的模式匹配、学习和问题求解等认知功能的机器。"[1]

4．人工智能是一组计算机程序

将人工智能定义成一组计算机程序也不在少数，简书上有这样一组简约的表达：

定义一：人工智能是和人类行为近似的计算机程序。

定义二：人工智能是可以主动学习的计算机程序。

定义三：人工智能是参考感知环境的结果，付诸科学行动，并获得最大收益的计算机程序。[2]

5．人工智能是一个产业集群

2020年3月6日，《工业和信息化部办公厅关于推动工业互联网加快

[1] 国际电工委员会（IEC）. 面向行业应用的人工智能［M］. 全球能源互联网研究院有限公司，译. 北京：中国电力出版社，2019：4.

[2] 阳春柏檉. 如何定义人工智能［EB/OL］.（2018-10-09）［2020-08-18］. https://www.jianshu.com/p/c543daa8b234.

发展的通知》发表，其明确指出新型基础设施建设囊括的七个领域，即特高压、人工智能、大数据中心、工业互联网、5G基站建设、城际高速铁路和城市轨道交通及新能源汽车充电桩，这表明人工智能已经从科学技术跃迁到一个产业链、产业集群。

除以上定义外，人工智能还被认为是一个人类共同命运的挑战与机遇，一个跨学科交叉研究领域，新的世界观与方法论等。人工智能概念的外延阐述虽然多样，但是这些阐述更像是人工智能概念在不同角度和场景下的解读。

作为一门成长中的年轻学科，其学科的核心问题表述不一实属正常，这在科学发展史上屡见不鲜，光学、电学的发展也经历过类似的过程，人工智能是否能形成自己的研究模式，并逐渐走向成熟仍未可知。但有一点是毫无疑问的，目前与人工智能紧密相关的物联网、机器视觉、自然语言处理、大数据等计算机核心技术将与实体经济深度融合，给人类社会带来深刻改变。通常来说，我们谈论的人工智能是“计算机模拟人类智能的技术”，我们主要关注人工智能技术产业应用方向的问题。

二、社会实践与研究

“社会”原意是古时的集会。唐代柳棠在《答杨尚书》中写道：“未向燕台逢厚礼，幸因社会接余欢。”《二刻拍案惊奇》记载：“山东兖州府巨野县有个秾芳亭，乃是地方居民秋收之时祭赛田祖先农、公举社会聚饮的去处。”

步入近代，我国著名的启蒙思想家、社会学的先驱人物严复，翻译了赫伯特·斯宾塞的《社会学研究》（*The Study of Sociology*）并取名为《群学肄言》，该书于1903年出版，其中定义社会学为：“群学何？用科学之律令，察民群之变端，以明既往，测方来也。”1902年，章太炎将日本学者岸本能武太的《社会学》翻译并引入我国，“社会”二字才在汉语语境里有了现代化的意义。由此，社会科学进入我国研究领域。

如《群学肄言》中的定义，社会科学的主题可以归结为“用科学之律令，察民群之变端，以明既往，测方来也”。我国现代学者比较普遍认可将社会科学表述为以人类社会作为研究对象的体系化内容。社会科学涉及多个具体学科，政治学、经济学、社会学及法学等，它从各个不同的视角分门别类地就人类社会的组织机构、稳定机制、功能作用及演变动因等做出研究，进而获得人类社会进步与成长的系统性知识与规律。[1]

1. 社会学的形成

实际上早期的人类对自身行为和社会问题的认识停留在哲学层面，多采用思辨的方法进行探讨和推演。真正将社会学纳入科学范

[1] 曹志平．科学解释与社会理解：当代西方社会科学哲学研究［M］．厦门：厦门大学出版社，2017：34.

畴，要归功于19世纪创立了实证主义的法国著名哲学家奥古斯特·孔德（Auguste Comte），他主张人类的知识只是归纳事实并探寻彼此的关联，以此来科学描绘世界。但形而上学的假设及以无法见到的实体去阐释自然，都是非科学的，全都应该摒弃不用。[1]

以学科发展史为视角，实验研究方法在自然科学中首先得到推广并在短时间内取得了主导地位。恰恰是因为应用了实验研究方法，自然科学才摆脱了从表面观察自然界的局限，在理论和经验事实之间建立更深入而密切的关联，抑或一定要有实验结果的佐证才能得出特定的理论推论，抑或从实验中得到发现继而提出创新性理论，所以，实验研究方法强有力地推动了自然科学的飞速发展。[2]奥古斯特·孔德把社会学和其他自然科学置于同等地位，从方法论的准则出发，提出在社会学领域使用与自然科学研究方法一样或近似的观察法、实验法、横向（共时性）比较法及纵向（历史性）比较法，这使以人类社会为研究对象的社会学走上了科学的道路。[3]

真正意义上的现代社会科学实验的诞生可以追溯至20世纪二三十年代。社会科学家首次采用随机分配的方法，将被试对象分配到对照组与实验组，由此对实验结果进行观察。随后的几十年时间，越来越多的社会科学研究者开始意识到实验研究方法在学科知识进步中的重

---

[1] 乔晓春. 中国社会科学离科学还有多远［M］. 北京：北京大学出版社，2017：36.

[2] 李强. 实验社会科学：以实验政治学的应用为例［J］. 清华大学学报（哲学社会科学版），2016（4）：42.

[3] 乔纳森·特纳，勒奥纳德·毕福勒，查尔斯·鲍尔斯. 社会学理论的兴起：第5版［M］. 侯钧生，译. 天津：天津人民出版社，2006：23-24.

要作用，进而逐步将更为明确而系统化的实验研究方法在多个主流学科中普及开来。很多社会科学领域的实验研究已受到世人关注，并且带来了数量颇多的全新发现，诸如经济学、教育学及心理学等。在政治学方面，较为有名的是阿伦·利普哈特发表了奠定个人学科地位的重要文章，并指明“实验研究方法是科学的解释最为接近理想的方法”。[1]

2．狭义的实验性的社会研究

狭义的社会实验也叫社会科学实验，是研究者用来探索实验对象中存在的因果关系以获取社会科学事实的经验方法，也是解释某个预先设定的问题的科学实践活动。根据理论在实验中所处的地位，可以把社会科学实验分为经验驱动型实验（Empirically-driven Experiment）和理论驱动型实验（Theory-Driven Experiment），前者是实验研究者所做开创性研究，即建构实验环境，发现世界中的新现象、新关系，最终确立新理论，其逻辑是经验—实验—理论。后者是实验研究者在对研究对象有一定的了解的基础上，提出科学假说或一定的理论，为了验证这些假说和理论而设计出来的实验，其路径是假设—实验—理论。在经验驱动型实验中，社会科学理论是通过对实验事实的归纳而产生的；在理论驱动型实验中，社会科学理论是通过实验对假设的确证而得到的。[2]

---

[1] 李强．实验社会科学：以实验政治学的应用为例［J］．清华大学学报（哲学社会科学版），2016（4）：42-43．

[2] 李露露．论社会科学实验与社会科学的发展［D］．厦门：厦门大学，2019：14．

通常在狭义的社会科学实验中，因为需要设计对照组和实验组、控制变量和干扰因素等，包含着各种人为控制因素，所以该类实验也被称为人工可控实验。与自然科学领域的实验不同，社会科学研究的对象是人或人群，干扰因素的控制充满实验伦理的风险，实验的可重复验证也备受争议，因此狭义的社会科学实验适用范围较小，通常在少量的社会心理学研究设计中出现。

3. 广义的结合实践与实验的社会研究

实际上，即便是首次提出将自然科学研究方法应用于社会学的奥古斯特·孔德，虽然大力推广在社会学研究中采用实验法，但是他也宽容地将横向比较法和纵向比较法都看作是研究社会变迁的实验方法，这种比较研究的社会现象并无法重复，没有严格意义上的社会科学实验条件下的“干扰因素”，与自然科学概念的科学实验大相径庭。

从广义的社会研究角度来看，研究方法涉及文本调查、社会科学实验及田野调查等，由于上述几种社会研究方法中的参与者在不同控制程度下产生的干预有所差异，因而取得的实验结果可能无法重现。多数情况下，一项完整的社会研究设计往往运用了多种研究方法。例如2003年，阿卜杜勒·拉蒂夫·贾米尔贫困行动实验室（The Abdul Latif Jameel Poverty Action Lab，J-PAL）和贫困行动创新组织（Innovations for Poverty Action，IPA）开始使用随机对照试验和准实验等科学影响评估方法进行因果推断研究，已在全球44个国家开展了近300项教育减贫研究，为政府教育决策提供实证依据，并且斩获

2019年诺贝尔经济学奖。

从广义上的概念来看，社会研究结合了社会实践的改造、参与和组织实施，是“一种规划和评估社会干预的方法，关注随机试验如何作用于社会改善”。[1]从这个角度来说，我国社会学史上民国时期著名的乡村建设实验就属于广义的社会研究。

但是，无论广义还是狭义的社会研究，遵守科研伦理、知情同意、价值中立和第三方立场等原则都是社会学学者的共识。

三、开展人工智能社会治理实践与研究

人工智能社会治理实践与研究是关于人工智能赋能社会生产和治理的一系列考察与研究工作。该工作涵盖从组织实施、调查研究、实验研究、综合分析到政策建议的全过程。该工作关注的内容包括但不限于人工智能在社会生产和治理应用过程中产生的应用融合、影响评价、趋势预测、伦理反思、制度创新等一系列问题。

1. 一种敏行慎思的积极态度

人工智能技术的类人性使得它的发展与应用相较于过去引领社会

[1] 参考2020年9月北京师范大学童莉莉在智慧教育示范区2020年中期工作总结会议上的发言。

进步的技术更加特殊。一方面，我们对以新一轮人工智能为代表的科技革命和产业变革翘首以盼，积极投身人工智能技术研究与发展的世界级“锦标赛”，以期把握面向未来的技术的重要发展机遇；另一方面，人工智能有关技术革命已然给全球各地的社会治理、经济发展及人民生活带来广泛而深刻的影响，并将重组社会结构和治理体系，其衍生的诸多问题引起学术界与其他各界人士的高度重视。面对这样的问题，我们该何去何从？

技术的发展犹如历史的车轮无法阻挡，面对人工智能可能带来的问题，我们只能像大禹治水一样选择疏导而不是围堵，在实践中观察和检验人工智能的治理边界，深入研判人工智能有关技术革命带来的社会影响，表现出一种敏行慎思的积极态度。

2. 一项长期的研究课题

如今，我们正处于弱人工智能向强人工智能过渡的重要技术革命期，技术的发展是一个行进中的过程，而人工智能在社会治理中的应用必然也是逐渐渗透的过程，同时新技术作用于社会影响的显现也有较长周期的滞后性，因此人工智能社会治理实践与研究也是一项长期的研究课题。

因为人工智能用于社会治理所产生的影响往往具有延迟性，所以从研究方案的设计方面来说要具有前瞻性，而从实验所产生的结论方面来看，需要长期跟踪观察才能产生阶段性的结论。

3. 一个系统的科技与社会耦合关系的认知论

虽然人工智能是基于计算机科学发展起来的类人智能技术，但是它的人文社会属性不应该被忽视，特别是人工智能模糊了虚拟与现实、主观与客观，衍生了复杂的隐私安全、伦理等问题。人工智能社会治理实践与研究所观察的内容不仅包含人工智能技术在社会治理领域的应用过程以及其带来的正面提升作用，还包含人工智能在社会治理领域的应用过程中带来的负面社会影响，希望人们能有效辨识风险点和伦理争议点，做出风险预警，并对人工智能社会治理提出建议方案。

技术与社会应用呈现出相互甄选、相互促进的耦合发展关系，人工智能社会治理实践与研究的目标不仅要推广和加速人工智能技术的应用，更要在必要之处对人工智能技术进行反向治理。

现状篇

人工智能社会应用与治理

人工智能虽然是一门年轻的学科，其发展历程也是几经寒暑，但是因其前瞻性而备受瞩目。目前人工智能已经上升为国家战略，我国正从顶层设计层面持续推动人工智能发展。显然人工智能已不仅是一个技术概念，它正成为优化升级国内产业结构、提升国际影响力和竞争力的新动力。

人工智能正在重塑传统行业。2019 年，全球人工智能产业落地应用进入了高峰期，人工智能的商业化应用成为行业的焦点。我国互联网的建设、部署为人工智能的广泛应用奠定了坚实基础，人工智能的商业化应用速度领跑世界，人工智能的创新应用不断涌现：大数据处理技术大幅提升新冠肺炎疫情防控能力与精度；计算机视觉、生物识别等相对成熟度更高、商业化更早的技术已经不仅局限于安防、金融、零售、广告营销等领域；自然语言处理技术也在智能客服、智能语音交互等场景下服务于各行各业。

人工智能为社会治理带来了新的思路和实现路径。人工智能的应用提升了社会治理的效率和质量，大大提高了社会治理的现代化水平，形成了新型智能社会治理格局。然而，与此同时人工智能的广泛应用也带来了一系列衍生的伦理道德、法律法规和隐私安全等方面的问题，给社会治理带来了全新的挑战。

3

第三章

人工智能在社会中的广泛应用

随着技术进步，人工智能研究快速向应用领域迈进。我国人工智能的应用研究走在世界前列，在物联网、计算机视觉、生物识别、自然语言处理、大数据处理等各个不同人工智能技术分支上都有产业应用，并产生广泛的社会经济效益。

一、物联网

激烈的市场竞争促使企业借助信息化的管理手段来降低生产成本、提高生产效率。物联网技术通过信息传感设备，按约定的协议，将生产环节的各个状态数据通过信息传播媒介进行信息交换和通信，以实现各个生产要素的智能化识别、定位、跟踪、监管等功能，因此它不仅是企业信息化管理的基础，也是企业精细化管理的前提。

基于物联网的精细化管理技术已经在社会多个行业得到应用。例如，京东在JDD-2018京东数字科技全球探索者大会上发布了京东农牧智能养猪解决方案，将物联网等人工智能技术应用于养殖场的巡检、环控、监控、饲喂四大场景中，实现数字科技与传统农牧业高效结合。神农大脑[1]可将京东数字科技的人工智能能力与行业专家的丰富经验结合，实现养殖企业的智能化管理。神农大脑可以通过SaaS（软件即服务）系统发布任务给饲养员，也可以控制物联网设备直接执行任务。神农大脑还能对收集到的环境参数进行统一管理，经过智能分析后，自动对风机、水帘、暖气等设备进行调节，保证养猪场温度、湿度、空气维持在适合生猪健康生长的最佳状态。举例来说，如果某只猪出现进食异常，利用猪脸识别算法能够快速关联它的生长信息、免疫信息、实时身体状况等，通过神农大脑分析，能够在第一时间找到异常原因并通知饲养员对症下药。再比如，对不同生长阶段、个头大小不同的猪，神农大脑通过控制饲喂机器人和智能伸缩猪栏等设备，可实现饲喂量的精确控制，保证每头猪的生长平衡，杜绝猪群中出现称王称霸、多吃多占等情况，让那些受排挤的猪可以正常进食。

物联网技术真正打通了养殖产业信息化链条，实现了农牧产业的智能化、数字化和互联网化，帮助大中型养殖企业降低人工成本30%以上，节省饲料8%～10%，缩短出栏时间5～8天。据不完全统计，如果整个中国养殖业应用这一解决方案，每年至少可以降低行业成本500亿元。

---

[1] 爱云资讯. 人工智能、物联网、SaaS系统相结合 京东数字科技开创数字农业新模式［EB/OL］.（2018-11-20）［2020-10-12］. https://www.icloudnews.net/a/20181120/13734.html.

二、计算机视觉

随着人工智能技术的发展，特别是基于海量图像数据的深度学习技术，计算机不仅能够像人一样理解视觉信息，形成视觉能力，实现引导、定位、测量、检测、识别等功能，还能够完成高计算强度、枯燥、重复性的工作。正是基于这一功能，计算机视觉技术广泛应用于社会安防领域，实现了重点区域无人自动值守，重点目标主动跟踪识别。

智能停车管理系统是计算机视觉的典型应用之一。相比于传统IC卡式停车场收费管理系统，基于车牌识别技术的智能停车管理系统有效地避免了停车取卡、收卡付费等环节，大大加快了通行及管理效率。目前智能停车管理系统已经广泛应用于高档小区住宅、公司单位及工厂等。进一步结合移动支付功能，智能停车管理系统将车辆资料管理、车辆出入情况、位置跟踪和收费等功能纳入统一平台，不仅提高了管理效率，减少了人力物力需求，降低了运营成本，还变得更加安全可靠。

计算机视觉的另一典型应用是人员管控，如办公场所的无感打卡、车站等实名验证等。为了应对春运期间票贩子抢票，铁路部门推出的火车票实名验证系统，对进站旅客逐一进行人—票—证核验。人工核验过程量大且烦琐，大大影响了旅客通过效率。2019年春运前夕，全国铁路系统相继引入计算机视觉技术，新增了人脸识别系统。乘客只需刷身份证，系统会自动识别车票信息并匹配人脸信息，核验通过就能进站。相比人工核验，该系统大大提升了验证效率：可以把旅客的进站时间从5～10分钟缩短到2秒钟，大大缩短了旅客的通行时间。

三、生物识别

智能手机和高速无线网络开启了“手机在手，说走就走”的数字生活时代。然而，当不少人刚刚开始适应这一新变化时，以生物识别技术为基础的新数字时代又在向我们招手。生物识别技术综合利用物理学、生物学、化学以及数学等多学科知识与技术，采集人体固有的生理特征或行为特征，通过运用计算机技术提取并数字化处理生物特征，形成数字代码并存于数据库中。当人们需要进行身份认证时，只需要对比数据库中的特征模板即可确定用户身份。随着对比算法的不断优化以及机器性能的不断提升，身份认证的速度与效率大大提升，催生了一大批新的数字生活方式。

人脸识别支付是生物识别技术的典型应用实例。该系统通过对比脸部生物特征信息快速匹配消费者并关联其个人账户。整个交易过程消费者无须借助手机等工具，人工操作少，人脸识别支付更简单、高效。根据前瞻产业研究院《2020—2025年中国超市行业商业模式与投资战略规划分析报告》数据，人脸识别支付在日常经济活动中应用已经比较成熟：分别有40.2%和36.8%的受访用户在超市便利店和商超购物使用。以人脸识别支付为代表的新支付模式通过进一步提高用户支付效率和安全保障，正从生活场景快速铺开，随着逐渐进入5G商用时代，人脸识别支付的应用有望更加广泛。

四、自然语言处理

随着全球人口老龄化日趋严重，未来老年人的陪护问题变得十分重要。可以预见，在不久的将来，人口老龄化将成为世界各国的一个严重问题。除了需要面对老年人因身体功能衰退引起的生活无法自理问题，老年人的精神抚慰也是一项重要难题。人工智能时代，先进的自然语言处理技术能够让机器理解人类信息，并像人一样做出回应。老龄化社会的实际需求与先进的自然语言处理技术为能够提供情感交流、陪伴等服务功能的智能陪护机器人的出现奠定了基础。

2016年年末，IBM与美国莱斯大学发布了专门为居家老年人设计的陪护机器人，它不仅能计算出心率、呼吸频率等关键生命体征，还能够通过语音和面部表情识别人类的情绪并做出回应，可以在商场和家庭中为人类提供服务。深蓝人工智能研究院推出了集服务、安全监护、人机交互以及多媒体娱乐四大功能于一体的老人陪护机器人。它不仅具有与真人相似的外形：1.6米的个头儿，圆圆的头上有一双会眨的大眼睛，一身银白色“外衣”透着十足的现代感，还能像真人一样平稳地走路、灵活地应用双臂完成很多动作。

智能机器人是当前各国竞争的热点领域之一，世界上至少有48个国家在发展机器人，其中25个国家已涉足服务机器人开发。日本、北美和欧洲已经推动7种类型共计40余款实验和半商业化应用型服务机器人。服务机器人市场规模快速增长：根据国际机器人联盟的数据，2018年专业服务机器人的销售额增长了32%，达到92亿美元。其中，物流行业所占份额最大，占总销售量的41%，其次为检测和维护机器人。个人和家庭使用的服务机器人（图3-1）销售额增长了15%，达到37亿美元。据相关预测，专业和个人服务机器人在2019—2022年的销量将实现强劲增长。

图3-1 智能机器人走进家庭

五、大数据处理

大数据处理技术能够将隐藏于海量数据中的信息和知识挖掘出来，为人类的社会经济活动提供依据，从而提高各个领域的运行效率，大大提高整个社会经济的集约化程度。

大数据处理技术能够通过分析海量用户的年龄、性别、消费、出行、位置、行为偏好等信息推断出某一用户的特征，在此基础上制订符合该用户个性的广告投放。一方面可以降低无价值信息对用户的干扰，另一方面可以根据用户个性化特征设计广告内容，提升广告效果，实现精准营销。例如，美国著名零售商Target通过大数据处理技术的分析，精准地预测出客户在什么时间想要小孩，然后对这些客户进行相关产品信息的推送。大数据处理技术应用的深度与广度都在不断加强，电信公司可以更好地预测出哪一部分客户容易流失，超市可以更加精准地预测某个产品的销量，汽车保险行业能够了解不同客户的需求以及对应的驾驶水平。当前这些应用已不仅仅只是示范，其中精准营销已于2018年实现了商业落地并形成了一定的规模：根据艾瑞咨询的预测，到2022年精准营销市场可达63.8亿元，若市场接受度充足、渗透率高于预期，则有望达到133亿元。

大数据处理的应用已不仅局限于企业和政府，它同样已经广泛出现在我们生活中。例如，利用大数据处理技术分析可穿戴设备（如智能手表或者智能手环）生成的数据，我们可以追踪人体本身热量的消耗以及睡眠模式。利用大数据处理技术的分析，交友网站可以更加有效地帮助用户找到更适合自己的爱情。国内大型相亲平台“珍爱”应用软件利用大数据处理及机器学习算法，深度挖掘每个个体用户的性格特点、互动历史、照片特征等信息，从多种维度进行用户匹配。用户的兴趣圈子、交友偏好和互动类型等都被大数据算法及时洞悉，用户使用频率越高，该应用软件的系统动态学习频次也越高，对用户的了解也越深。

4

第四章

人工智能在社会治理中的机遇与挑战

因社会活动的多元性、异构性以及动态而庞杂等特征，实现实时、高效、精准的社会治理变得异常困难。人工智能、互联网、大数据等现代信息技术的突破及广泛应用，为提高公共服务和社会治理水平带来了新的思路和实现路径（图4-1）。通过开发一系列适用于政府服务和决策的人工智能系统，促进公共安全领域的全面提升，实现公共需求的精准预测和公共服务的精准供给，可以大幅提高社会治理能力和社会治理水平。

人工智能在社会治理现代化建设过程中的作用集中体现在公共管理层面，共治、法治、标准、规则成为社会治理新模式的标签。在人工智能时代，社会治理体系也将发生重大变革，社会治理的主体不仅包括政府组织、社会组织和经济组织，同时也将社会个体纳入其中，进一步提升社会治理的政治认同感和凝聚力。[1]

---

[1] 李韵. 借助人工智能推进社会治理现代化［J］. 人民论坛，2019（22）：117-118.

图4-1 人工智能为社会治理提供了新的思路和实现路径

一、人工智能提高公共服务效率和质量

“大数据+人工智能+公共服务”这一模式的广泛应用为公共服务领域带来了深刻变革，使公共服务的供给更加优质、更加便捷、更加精准。在大数据、云计算、物联网和人工智能等技术的支撑下，公共服务个性化需求的收集和整理可自动完成，分析形成完备的个性化数据档案，后续可以预判公众需求，实现人、机、物的有效互动和连接，进一步提升基础设施公共服务水平。依靠充分运用人工智能决策能力，对以往公共服务流程加以全面规整，明确限制服务效率的核心，可实现公共服务再造。利用人工智能识别应答接受模糊任务并自

动完成的能力，可以解决传统模式下受人力、时空限制所导致的公共服务供给不足问题，让民众享受方便及时的公共服务。

人工智能技术运用不仅增强了政务策略的合理性，也优化了服务积极性和针对性，合理处理政府公共服务范畴人力不足的问题，提高公共服务质量。伴随人工智能的普及，公共服务本身的透明度不断提高，与用户的沟通效率不断增高，群众可产生更多获得感以及满足感。

在身份认证方面，人工智能可帮助进行单一要素的身份认证。杭州“亲清在线”新型政商关系数字平台可以通过流程再造，无须企业以及个人提前提供相关材料，实现政府制定标准，后台数据协助，进而确定发放目标。企业在网络上明确员工具体信息之后，补贴直接转至个人账户，实现补贴的“码上兑现”“瞬时兑现”的优质服务，不断提升企业及员工获得感和满意度。

在智能客服方面，人工智能可以利用语音识别及分析技术，实时进行语义分析，通过开放式提示语音与用户实现交互，用户可自然说出需求，无须等待提示语结束，快速满足用户需求，提升用户满意度。人工智能通过对语音的质检和分析，挖掘语音价值，对来电原因、通话时长、满意度、来电次数等方面进行分析，把握用户需求及热点变化趋势，提供全时段、媒体化、社交化等多种特性的服务，通过对网页、微博、微信及手机应用等渠道的用户问题及行为智能意图进行识别，再对接政务知识库、各种政务业务规程、流程的查询，实现精准回复。

在智能检索方面，人工智能异构信息检索可支持包括TXT、超文本标记语言（HTML）、PDF、可扩展标记语言（XML）、RTF、图片等各种非结构化文件的处理和检索。人工智能视频检索以目标的特征为检索条件，快速在视频中检索出符合条件的目标，极大地提高在视频中检索的效率和准确度，可实现用图查图等功能，对电子政务公共服务的安全保障和服务绩效管控等起到不可替代的作用。

二、人工智能提升社会治理现代化水平

人工智能通过对信息的采集、分析与处理，为公共安全、市场监管、便民服务方面等公共服务效率的提高，流动人口基层社区治理优化，城市车辆、道路、停车场等交通场景的精细化，城市环卫建设的智能化等方面提供各类社会治理方案。例如，在公共安全领域，人工智能技术对前端采集的监控图像进行自动化解析，把非结构化的视频图像数据自动转化为准结构化或结构化数据，并参与到大数据运算当中，提供快速查询、预测预警、识别判断等功能，可用于嫌疑人员的搜捕和失踪人员的找回、危险区域和家庭安保等公共安全领域，不仅提高了警务科技含量，促进了执法规范化，也大大缓解了警力不足、警务工作效率低下的问题，减少了人民群众办事难的问题。在交通管理领域，人工智能主要用于运动目标检测和识别，常用的应用场景包括动态违法取证、交通信号控制、路网流量调控、人车特征关联、交通行为研判等。通过实时分析城市交通流量、调整红绿灯间隔、缩短车辆等待时间，人工智能提升了城市道路的通行效率（图4-2）。

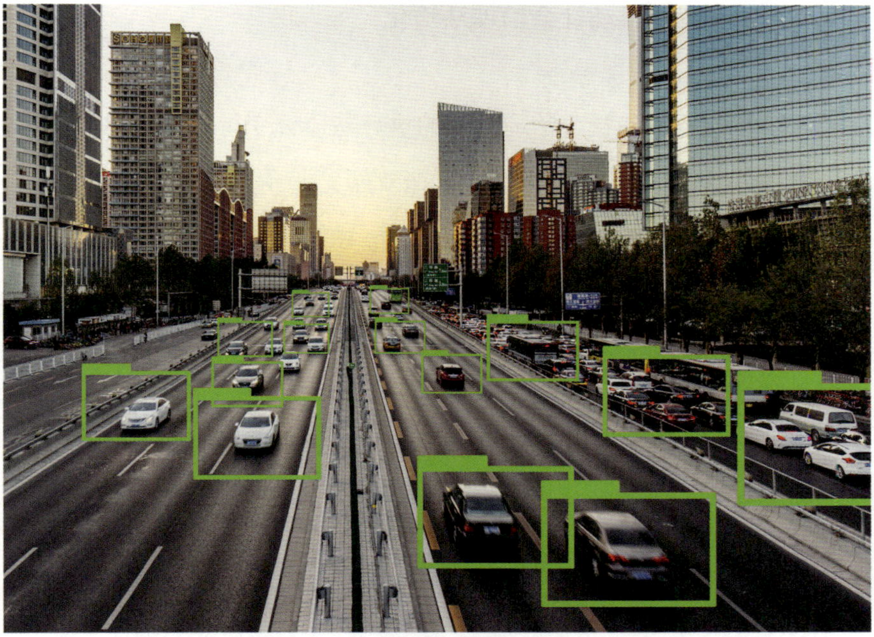

图4-2 人工智能赋能交通治理

人工智能技术在社会治理领域的广泛应用大大提高了社会治理能力的现代化水平，同时也使社会治理体系在社会化、法治化、智能化和专业化等方面得到全面提升。

1. 人工智能推动社会治理社会化

人工智能技术在增强社会互动、促进可信交流中的作用，有助于改变过去政府、社会组织、民众之间的信息不对称情况，让社会治理各主体更加及时、合理、有效地参与到社会治理中来。

2. 人工智能推动社会治理法治化

人工智能系统使社会治理活动的执行与监督变得更加客观与高效，防范冤假错案的发生，显著提升司法效率，防范司法腐败的发生。[1]

3. 人工智能推动社会治理智能化

大数据、云计算、物联网和人工智能等新一代信息技术提高了社会治理的效率和质量，使社会治理过程更为科学、智慧和完善。

4. 人工智能推动社会治理专业化

基于海量的社会治理数据和案例，通过深度学习和增强学习建立的社会治理特定领域人工智能专家系统，将有效弥补专业治理人员不足的问题，同时人工智能决策辅助系统还可以进一步增强现有人员的专业化水平。例如，北京法院系统安装了睿法官系统，可实现语音识别转化文字，庭审笔录、裁判文书自动语音转换撰写成文，撰写文书时方便地进行类案搜索的功能，还可以自动生成裁判文书模板等，极大地缓解了一线办案人员的事务性工作压力，有利于裁判尺度的统一，减少了部分简单、重复的工作。在智能辅助司法服务方面，北京互联网法院开发的人工智能虚拟导诉法官可以实现24小时在线服务，利

[1] 潘庸鲁．人工智能介入司法领域的价值与定位［J］．探索与争鸣，2017（10）：101-106.

用互联网进行的在线调解、电子送达技术都反映了司法服务的智能化水平得到显著提高，既节省了司法人力资源，也方便了诉讼参与人。

三、人工智能带来社会治理全新挑战

人工智能技术的发展正在重塑社会现实，带来社会治理领域的新变革。人工智能既是社会治理的工具，又是社会治理的对象。[1]作为改变未来的颠覆性技术，人工智能为提升社会治理现代化能力和水平带来了新的机遇，同时也给法律法规和伦理道德等方面的社会治理带来了新的挑战。

例如，2020年新冠肺炎疫情期间，杭州市率先提出健康码管理，为“一手抓疫情防控、一手抓复工复产”的复杂工作提供了切实高效的工具。不过健康码的技术实现路径引发公众关于个人信息安全和数据资产所有权问题的广泛争议。为此，杭州市于几个月内迅速出台了《杭州健康码开发运行规范管理办法》，从信息内容、信息采集方式到信息存储与管理等多个角度提出了17条管理意见，尽力保障公民个人信息安全。可见，人工智能为社会治理提供了新的解决问题思路的同时也带来了新的挑战，对政府和社会组织的治理能力和反应速度提出更高的法律法规和伦理道德要求。

---

[1] 张成岗. 人工智能的社会治理——构建公众从“被负责任”到“负责任”的理论通道［J］. 中国科技论坛，2019（9）：1-4.

1．法律法规

（1）**人格权保护问题** 利用人工智能语音合成技术，机器人可以模仿任何人的声音且真假难辨。利用DeepFaceLab、ZAO等人工智能换脸软件可完全复制指定人员的外貌等。如果上述模仿活动未经同意或授权，就有可能构成对他人人格权的侵害，并进一步造成信任崩塌甚至犯罪，亟须出台相应的法律规范对此进行约束。2019年9月3日，工信部就ZAO应用程序网络数据安全问题开展问询约谈。同年9月，国家网信办回应人工智能换脸软件ZAO涉嫌侵权：已会同有关部门制定相关规定监管。

（2）**知识产权保护问题** 利用人工智能进行艺术创作，但著作权归属却没有明确的法律规定。人工智能的“创作”能力是从大量的样本作品中“深度学习”而来的；如果未经授权非法复制或下载了他人已享有著作权的作品，就会侵害他人著作权；如果利用了他人作品中的知识、信息或创意，又可能构成剽窃行为。此外，基于人工智能生产的作品，是否需要受到产权保护，目前也没有相关法律界定。

（3）**数据共享与安全问题** 数据已经成为人工智能时代的核心资源。为了提高数据的利用率，我们一方面倡导数据资源的开放共享，另一方面又要避免敏感数据的泄露和数据被滥用。例如，浙江于2020年6月发布的《浙江省公共数据开放与安全管理暂行办法》，对公共数据安全提出了初步解决方案，内容包括数据开放、数据利用、数据安全、监督管理、法律责任等。数据共享和安全问题作为全社会所面临的共同问题，需要在更广大范围对其进行立法和规范。

（4）**个人隐私数据保护问题** 网络空间的虚拟性，使得个人数据更易收集与分享，极大地便利了身份信息编号、健康状态、信用记录、位置活动踪迹甚至交易过程等信息的存储、分析，但人们却很难追踪个人数据隐私的泄露途径。而且基于不当手段获取的个人信息造成隐私泄露，可以形成数据画像，对个人未来行为进行分析预测，或者通过社交软件等冒充熟人进行诈骗，突破安防屏障，造成财产损失，甚至被用于犯罪。个人隐私数据保护问题与个人信息的“滥用”程度紧密相关，近年来公民的维权和自我保护意识不断提高，也推动了行业自律和政策法规的建立健全，法学界也提出了“数据用益权”的概念。

（5）**侵权责任的认定问题** 无论是机器人侵害人，还是人导致机器人的损害，都是新的法律责任问题。自动驾驶汽车出了事故，责任如何认定？是自动驾驶汽车的所有者，还是生产自动驾驶汽车的公司，还是实现自动驾驶技术的技术人员？诸如此类的侵权问题目前尚无定论。以目前阶段机器人的智能程度，在我国可以适用《侵权责任法》中产品责任的相关规定和《产品质量法》来解决部分问题，但机器人技术的突飞猛进，终有一天会发展成具有独立自我意识的机器人，涉及的相关责任人也会越来越多，可能超出已有法律规定的范畴，因此对于法律问题的分析要具有前瞻性，构建机器人损害赔偿制度也必然是大势所趋。

2．伦理道德

（1）**安全伦理问题** 安全伦理意味着行动者既要考虑自身安全，

也应考虑他人安全。随着人工智能的发展，人们开始担心人工智能进化到一定程度是否会伤害人类，特别是人工智能武器的研发，更加深了人们的担忧。另外，基于人工智能技术的系统面临着来自多方面的威胁，包括软件的漏洞、对抗机器学习的恶意样本生成、训练数据的污染等。这些威胁可能导致人工智能所驱动的识别系统出现混乱，形成漏判或者误判，甚至导致系统崩溃或被劫持，并使智能设备变成僵尸攻击工具。人类到底该如何与人工智能相处？

（2）**公平伦理问题** 人工智能在越来越多领域辅助甚至替代人的决策，可能会出现失控而导致算法歧视。同时，由于客观条件无法使用互联网的人群，无法掌握使用人工智能所需的知识水平，人工智能技术越发达，信息鸿沟就越深，他们将越难享受到智能信息服务，越不易获得紧缺的服务资源。这都会带来新一轮的资源配置的失衡，违背公平伦理。

（3）**人与机器之间的伦理关系** 如何处理人与机器人之间的关系是人工智能发展引发的新伦理问题之一。机器人只是人类使用的工具，还是应与人彼此尊重相待，目前尚无定论，但人类不得不认真思考这一问题。

虽然这些法律法规与伦理道德上的挑战给人类社会带来了新的难题，然而，人工智能技术本无罪，如何在社会生产与生活中应用技术才是问题所在，从这个角度上来说，人工智能既是社会治理的工具又是社会治理的对象。

路径篇

实践和研究推动人工智能应用

以人工智能为代表的新一代信息技术和以富足经济为特征的社会发展都处于高速变革的今天，采取什么样的实践和研究路径才能将社会治理与社会研究结合，才能推动人工智能技术应用和谐且安全地融入社会各领域的发展，以及我们究竟有什么能力和基础来实践这样的路径？

为了让讨论更加具有实际意义，本篇章从就业、教育、医疗、交通、养老、文化六个社会治理领域结合实际进行了实践和研究路径的探索。各个领域的重大问题、应用现状都大有不同，因此方法也因地制宜，并不统一。各个领域所阐述的人工智能社会治理实践和研究方法、路径仍属于探讨阶段，希望对关心这一话题的实践者、工作者有所启发和帮助。

5

第五章

就业——冲击就业　赋能乐业

就业是最大的民生。随着数字经济逐步向以人工智能为核心的智能经济迈进，智能化生产作为产业变革和创新的主要方式，为劳动力就业带来了不小的挑战。它一方面替代了人类繁重的重复性劳动，在一些领域解决了劳动力短缺问题；另一方面对就业结构产生了结构性的冲击，进一步加剧了社会收入分配的不均衡，也对面向未来的人工智能时代的人才培养方向、方式都提出了新的需求与问题。

在就业领域，通过总结人工智能技术如何赋能就业、带来了哪些就业隐忧和社会研究在就业领域的已有路径，本篇尝试将路径方法细化，但更多的是抛砖引玉，希望超越现有条件和认知的限制，让更多的思考和声音加入讨论，建立对路径实践更完善的认识。

一、人工智能时代的就业赋能

就业是最大的民生。随着数字经济逐步向以人工智能为核心的智能经济迈进，智能化生产作为产业变革和创新的主要方式，为劳动力就业带来了全新的机遇。有学者通过实证研究认为，最新的技术变革为实现高质量就业提供了契机。[1]

总的来说，目前人工智能的就业赋能在两个方面表现显著：一是新兴科技创造了虚拟或高度智能的机器化劳动力，通过辅助或替代传统危险和繁重的人类劳动，使人类劳动者能更有效率、更安全地完成现有工作，进行更多创新性探索。二是解决人口老龄化带来的局部劳动力短缺问题。

1. 替代繁重的重复性工作

在电力领域，国网浙江省永康市供电公司五峰变电站已采用一台智能巡检机器人来采集相关数据、保障电网安全可靠运行。据工作人员介绍，这台机器人可对自身状态进行实时监测并反馈，有诸多拟人化的特点。如遇到前方有障碍物时，它会在接近1米时减速、0.5米时停止前行，前方阻碍时间超过0.5小时，它就会返回等待。每一轮巡检任务结束，巡检机器人还会自动回到休息室充电，比以往人工巡检大大提高了效率和安全性。[2]

而在新闻领域，以《华盛顿邮报》为代表的世界各大知名媒体都纷纷“录用”机器人进行新闻写作。以《华盛顿邮报》为例，机器人

---

[1] 王文. 数字经济时代下工业智能化促进了高质量就业吗［J］. 经济学家，2020（4）：89-98.

[2] 周琳，胡喆，王琳琳. 人工智能“换人”就业更焦虑？——人机不会对立［EB/OL］.（2018-09-25）［2020-10-02］. http://www.nbd.com.cn/articles/2018-09-25/1257880.html.

写作在美国2016大选之年的稿件刊发中功不可没。[1]例如，对共和党人史蒂夫·金（Steve King）在2016年11月艾奥瓦州第四国会选区竞选中击败民主党挑战者金·薇芙（Kim Weaver）的情况，《华盛顿邮报》立即采取行动，大幅报道了金的胜利和更广泛的选举趋势——共和党人依然控制着众议院，只是失去了少数席位，依然占据着绝对优势。在许多共和党领导人担心两位数的损失之后，他们的命运出现了惊人的逆转。[2]不可思议的是，这篇极具邮报风格的报道却是由机器人Heliograf创作的（图5-1）。

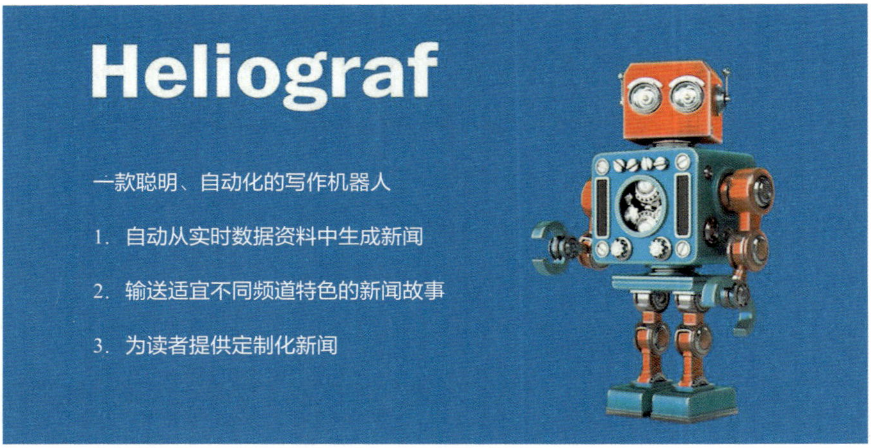

图5-1 《华盛顿邮报》新闻写作机器人海报

[1] Keohane J. What news-writing bots mean for the future of journalism [EB/OL] (2017-02-16) [2020-10-02]. https://www.wired.com/2017/02/robots-wrote-this-story/?utm_source=wanqu.co&utm_campaign=Wanqu+Daily&utm_medium=website.

[2] 廖文清. 当写作机器人的学习能力超越人类，记者们该何去何从？[EB/OL].（2017-02-28）[2020-10-02]. https://www.gg-robot.com/art-60104.html.

《华盛顿邮报》的策略师们认为，人工智能系统能够产生解释性、有见地的文章，并且能够促进人类和机器间的无缝互动，帮助记者们减少烦琐且不必要的劳动。[1]具体来说，Heliograf的工作原理是首先由新闻编辑针对不同结果确立叙事模板（例如“共和党人对众议院的控制权”或“民主党重新控制了众议院”），然后他们让Heliograf与所有相关结构性数据源相连——在大选时，它与数据交换网站VoteSmart.org相连，再通过软件识别相关数据，与叙事模板中的相应短语匹配、加以整合，从而能够独立在不同平台上发布不同版本的新闻。该系统还可以把在数据中发现的异常现象告诉记者或报警。[2]

可以看出，Heliograf可以将记者解放出来，让他们专注于那些需要人类思考的故事。到目前为止，《华盛顿邮报》新闻编辑室的反应始终是积极的。《华盛顿邮报》记者、华盛顿—巴尔的摩新闻协会记者弗雷德里克·孔克尔（Fredrick Kunkle）说：“我们对任何可能取代人类的技术都很谨慎，但这项技术似乎只占了一些繁重的工作。”

2. 解决劳动力短缺问题

鉴于全球人口老龄化趋势愈发普遍，劳动力短缺现象也越来越严重，人工智能机器人的应用有时是不得已而为之。2019年10月14—

[1] 湾区咨询.《华盛顿邮报》采用新闻写作机器人 写作效率高且准确度高［EB/OL］.（2017-02-22）［2020-10-02］. https://dy.163.com/article/CDT2Q6210511CME7.html.

[2] 许向东，郭萌萌. 智媒时代的新闻生产：自动化新闻的实践与思考［J］. 国际新闻界，2017（5）：29-41.

20日，全国政协副主席何维率队，人口资源环境委员会和农工党中央组成联合调研组，就“人工智能发展对劳动就业的影响”开展专题调研。以东莞瑞立达玻璃盖板科技公司为代表的制造企业负责人坦言，越来越严重的劳动力短缺现象让他们不得不采用机器人生产，“招不到人来上班，只能改用机器人了”。图5-2展示了汽车制造流水线上的机器人。图5-3展示了广泛应用于流水线生产的工业机器人。

不止我国，众所周知，日本的劳动力短缺问题十分严重。根据日本劳动委员会的披露，2018年日本每100个人可以选择将近161个职位，在12月更是达到最高点，可选择职位达163个。因此，为了缓解劳动力不足的压力，日本各大企业纷纷使出机器人大招。[1]例如，2018年4月23日，已成立200多年的老牌建筑商日本清水建设公司为了填补劳动力短缺，专门研发了施工机器人“Robo-buddy”。日本的重工业公司川崎重工业株式会社研发了一款拥有一个双臂，高5英尺7英寸（170.18厘米）的机器人，应用于电子制造、食品加工和制药等一系列工业制造上。

上述实例表明，新技术的加入势必会改变生产工具，也联动地影响着职业结构的调整，但并不会一棍子打死。因此，我们无须形成人机对立的观念，人工智能技术应用和人类就业不是非此即彼的零和关系，而是相互交融、以人为本的共生态势。

❶ 维科网机器人．机器人被请出山，治理日本“用工荒”难题［EB/OL］.（2019-02-21）［2020-10-02］. https://robot.ofweek.com/2019-02/ART-8321206-8500-30305772.html.

图5-2　汽车制造流水线上的机器人

图5-3　广泛应用于流水线生产的工业机器人

二、人工智能时代的就业隐忧

当然，尽管人工智能技术应用会提升劳动生产率，催生新产业和新的就业机会，但悲观的声音同样不容忽视。其中，美国硅谷科技精英的观点和言论引发了极大的社会讨论。《AI极简经济学》一书中提到，目前风头正盛的特斯拉、SpaceX等的创始人埃隆·马斯克（Elon Musk）可能是最坚定、最高调、最有经验的一位，他警告道："我接触过非常前沿的人工智能，我认为人们真的应该关注这个问题。我不断敲响警钟，但除非人们亲眼见到机器人走上大街杀人，否则，人们不知道该怎么应对人工智能的问题，因为它似乎太虚无缥缈了。"微软创始人比尔·盖茨（Bill Gates）则主张对取代人类劳动力的机器人征税。[1]

上述观点、建议或行动凸显了人工智能时代就业议题的复杂性，尤其当我们从全体民众的整体利益出发考量时，人工智能时代的就业风险话题就变得愈加沉重。总的来说，人工智能时代的就业隐忧在三个方面尤为突出：一是人工智能技术应用对就业结构的冲击；二是人工智能技术应用对社会公平的影响；三是人工智能时代的人才培养挑战。

1．人工智能技术应用对就业结构的冲击

与历史上的多次技术革命类似，人工智能技术代表的生产力飞跃

[1] 阿格拉沃尔，甘斯，戈德法布．AI极简经济学［M］．闾佳，译．长沙：湖南科学技术出版社，2018：188-189.

可以看作是自动化进程的又一次深化。普通民众或许还无法回答“人工智能是好还是不好”的问题，但他们对其夺走劳动岗位的担忧已经实实在在地存在。的确，这一次的技术变革中，由机器换人所产生的劳动力替代效应将会显著减少，甚至部分就业岗位将会消失：不但机器人的自动化效率更高且成本会逐步低于人工成本，而且技术变革所引起的创造性破坏还会摧毁一些旧行业，从而彻底消灭相关的就业岗位。一个被广泛引用的例子，正是牛津大学的卡尔·贝内迪克特·弗雷（Carl Benedikt Frey）和迈克尔·奥斯本（Michael Osborne）于2013年进行的调查。他们认为未来20年美国有47%的工作有很高的可能性会在不久后被智能机器和相关自动化的技术取代。[1]此外，与以往的技术变革主要是对体力劳动的替代不同，人工智能更多表现为对人类脑力的替代，因此可被替代的工作范围不断扩大。[2]

当然，有很多人认为，技术性失业的问题并不新鲜：第一次工业革命时期砸掉纺织机的失业手工工人（卢德主义者）并未导致很高的失业率和社会动荡，因为总会有新的就业岗位出现，整体就业不会大幅跳水。那么，这些新的岗位会来自何方呢？哪些人有能力做这些工作呢？根据一些经济学家的分析，人类和人工智能有望一起工作：人类为预测提供数据、判断或行动，人工智能负责执行决策。《AI极简经济学》的作者预计，与回报函数工程相关的岗位会增加，其中一部分岗位专业性强，报

❶ 机器之心.《经济学人》封面专题：从技术、就业、教育、政策、道德五大维度剖析人工智能革命［EB/OL］.（2016-06-24）［2020-10-02］. http://dwz.cn/3JLpVK.

❷ Agrawal A，Gans J，Goldfarb A. Prediction machines：The simple economics of artificial intelligence［M］. Boston，Massachusetts：Harvard Business Review Press，2018.

酬也高，它们将由那些在预测机器出现之前就已有这样判断的人来填补。

尽管当下以金融从业者为代表的许多高薪职业的核心技能已包括了预测，但正如机器对于地理位置的预测使优步司机的收入超过了出租车司机的一样，即便是如今显赫的医疗和金融行业，未来也未必会幸免于难。这并非耸人听闻，波士顿咨询公司（BCG）曾与中国发展研究基金会联合发布研究报告，指出“到2027年，将有230万个金融业岗位因人工智能的应用而被削减，即金融业就业人口的23%”。这意味着未来10年内或有230万个金融岗位将被取代，如今炙手可热的金融业岗位，其未来的就业前景也会变得更加复杂难测。

此外，更不必说如今已从事着低技能、重复性工作的工人，他们失业的可能性要更高。根据前面提到的牛津大学卡尔·贝内迪克特·弗雷和迈克尔·奥斯本进行的调查推算，大部分运输业和客运业（例如运货司机）及公关类（例如接待员与保安）都有可能会被人工智能所取代，销售业与服务业人员（例如收银员、柜台人员、租赁人员、电话推销员等）被替代的概率达到92%，会计和审计实现人工智能化的概率高达94%，地产经纪自动化的概率也高达86%。

同样，针对国内的情况，我国很多学者[1]也强调随着人工智能的发展，我国第二、第三产业中的传统行业已是失业的重灾区，如工业机器人对劳动密集型企业的一般就业岗位已有较多替代。普华永道基

[1] 周文斌．机器人应用对人力资源管理的影响研究［J］．南京大学学报（哲学·人文科学·社会科学），2017（6）：23-34.
蒋南平，邹宇．人工智能与中国劳动力供给侧结构性改革［J］．四川大学学报（哲学社会科学版），2018（1）：130-138.
张于喆．人工智能、机器人的就业效应及对策建议［J］．科学管理研究，2019（1）：43-45.

于经济合作与发展组织（Organization for Economic Cooperation and Development，OECD）国际成人能力评估项目（PIAAC）的调查数据得出，预计人工智能及相关技术在未来20年将取代中国现有约26%的工作岗位（图5-4）。

图5-4　各种可替代现有岗位的工业机器人

2. 人工智能技术应用对社会公平的影响

除了对就业结构的冲击，更新迭代的过程中人工智能不可避免地会损害一部分人的利益，由此造成扩大化的收入差异等情况会引发更剧烈的不平等问题吗？如前文所述，工作岗位是一回事，失去了或许可以通过新的岗位得到弥补，但与之相伴的收入却不能确保和之前一样。

除了岗位替代和迫使劳动力流转之外，人工智能的广泛普及和应用还可能加剧劳动力市场中岗位的极化，引发工资不平等的问题。[1]这一过程不难理解，机器人的使用成本或将大大低于人工成本，目前有些人还有工作是因为他们接受较低的工资来完成相同的工作，但当机器的工作份额继续增加或者工资低到工人无法承受的程度，这部分人就可能失去工作或无法维持正常的生活。

但与此同时，人工智能技术占有者的收入则可能会大幅提升。创新工场创始人兼首席执行官、人工智能工程院院长李开复2017年在《纽约时报》的专栏文章《人工智能对人类社会的真正威胁》中指出，人工智能在对现有职业和工作版图大规模颠覆的同时，也会为开发人工智能技术及采用人工智能技术的公司和企业带来巨额利润，但鉴于掌握人工智能技术的人是少数、人工智能公司是少数，那么巨大的财

---

[1] 杨伟国，邱子童，吴清军. 人工智能应用的就业效应研究综述［J］. 中国人口科学，2018（5）: 111-121.

富将集中在少数顶级公司和个人手中，贫富差距恐将越来越大。[1]

根据《AI极简经济学》一书作者的判断，这一贫富拉大的趋势很有可能被强化且没有简单的解决方案，重点在于政府决策要如何权衡。他们认为，如果人工智能技术继续高效地重组资本，那么资本所占的份额可能会以牺牲劳动力为代价继续上涨。有些学者指出，人工智能广泛应用而导致大规模失业的同时，可能伴随着“少干活、多拿钱”群体的出现：少数精英获得了技术带来的主要收益，而大量低端劳动力被机器取代，毫无收入可言。

那么，政府和政策制定者应采取何种行动来避免收入极端不平等问题的出现呢？比尔·盖茨提议对机器人征税，以此来平衡技术公司的高收益和失业人群的福利保障。但也有学者认为这种方法从长远来看会使社会整体收入变糟。除此之外，遗憾的是，放眼全球，目前宏观层面还没有清晰、系统地针对人工智能时代的就业保护措施文件或倡议出台。

3. 人工智能时代人才培养的挑战

最后，不管技术如何发展，劳动者想要立于不败之地，很关键的一点是获取与之配套的训练和教育。

然而实际中，除了资本因素之外，受教育程度和技能水平的不同

[1] 创新工场. 李开复：人工智能对人类社会的真正威胁［EB/OL］.（2017-06-26）［2020-10-02］. https://www.chinaventure.com.cn/cmsmodel/news/detail/315656.html.

也一直是就业不平等的重要原因。过去20多年计算机和互联网技术快速腾飞，一大批受过高等教育的人的收入远超教育程度低的人的收入，这使美国和欧洲收入不平等现象日益严重。经济学家克劳迪娅·戈尔丁（Claudia Goldin）和劳伦斯·卡茨（Lawrence Katz）指出："受过更多教育、有着更高天赋能力的人能更好地掌握复杂的新工具。"的确，受过高等教育的人往往更擅长学习新技能，即便是针对人工智能技术。如果使用人工智能成为必需技能且该技能经常发生改变，那么，受过高等教育的人的适应能力会更好，也将享受到更高比例的收益。

那么，如何更好地发挥教育作用，使更广泛的群体也能够分享人工智能技术应用于就业领域带来的便利呢？这一问题又引出了两点挑战。

一是目前人们对进行人工智能相关技术教育或培训准备不足。以美国斯坦福大学为例，2017年入学的7000多名本科生里，就有1000多名报名参加了机器学习的入门课程，但这只是劳动力中极小部分的精英。根据前述相关报道、报告和学者统计的分析可知，其他最易受人工智能潜在就业负面影响群体的职业技能大都是几十年前培训出来的，而他们重新受教育的成本不论对其自身、对所在企业还是当地政府而言，都是一笔不小的开支；况且，除了找到适合的培训机构之外，普通民众的学习积极性和动力也不足，更不大可能做好终身学习的准备。

二是目前没有人可以准确地预测出什么样的技能学习对将来就业是有用的。例如，现在市场上对算法人才求贤若渴，那么全民学习算法就可以保证未来人人不会失业吗？答案显然是否定的。对此，以色列历史学家、畅销书《人类简史》的作者尤瓦尔·诺亚·赫拉利（Yuval Noah Harari）认为，“20年前，如果你去学校学习某种工作所需的特定技能，成为一个电工、机械工人等，然后你就一辈子都干这个。但今天，这已无从说起了。要想在未来的职场立于不败之地，人们最需要的应该是一种灵活性。人们可能并不需要去获得某种特定的技能，比如要学会编程，这样我就能在20年后找到工作。事实绝非如此，因为没有人会知道20年后职场会变成什么样以及什么样的技能是必要的。如果你在某种技能上做赌博，那么你极有可能会满盘皆输。”[1]

在《AI·未来》中，李开复附上了两张较详尽的就业风险评估图，分析了什么工作是人工智能擅长的，什么是人工智能难以做到的。其中第一张是体力劳动就业风险评估图，第二张是脑力劳动就业风险评估图。

体力劳动就业风险评估图中（图5-5），横向来看，左边是低技能结构化，右边是高技能非结构化；纵向来看，下面是弱社交，上面是强社交。

而脑力劳动就业风险评估图中（图5-6），横向来看，左边是优化型，右边是创意或决策型。纵向与体力劳动图一致。如果是可量化的职业，就成为优化型职业。

[1] 吴妍娇．对话《未来简史》作者尤瓦尔·赫拉利：让孩子立于不败之地的教育甚至还未真正发生［EB/OL］.（2017-07-10）［2020-10-02］. http://www.megoal.org/information_edu/897098.html.

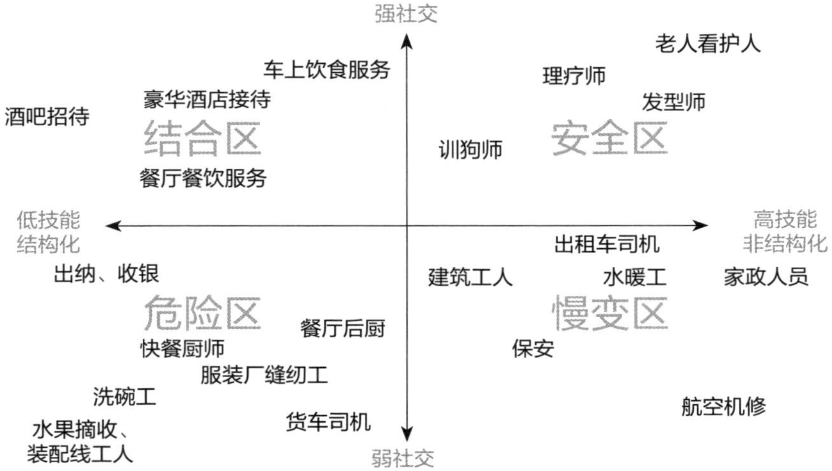

图5-5 体力劳动就业风险评估图

（资料来源：《AI·未来》）

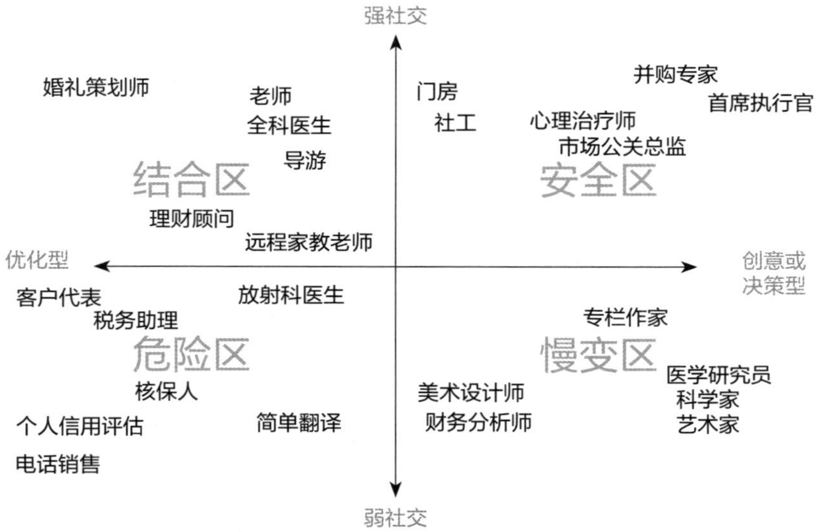

图5-6 脑力劳动就业风险评估图

（资料来源：《AI·未来》）

这种分类不一定完全准确，但也表明了固化的知识和技能在很大程度上会无效，而人类相较人工智能而言独有的特质——包括但不限于艺术能力、创造性、洞察力、事物感受力等，则需要凸显。

2018年世界经济论坛从全球视野发布了《2018年未来就业报告》（*The Future of Jobs Report* 2018，表5-1），其中针对整体和区域性趋势也给出了自己的观点。该报告认为，明显需要人类技能——尤其是情商、领导力、服务导向意识等的职位，未来将备受肯定。

表 5-1　世界经济论坛《2018 年未来就业报告》摘要

2022 年就业展望
目前机器承担了全球 29% 的工作任务，到 2025 年将超过半数。这一变化将对全球劳动力产生深刻影响，但就新职位的整体数量而言，前景依然乐观，相比流失的 7500 万个职位，预计到 2022 年将新增 1.33 亿个职位
不同岗位的未来就业趋势
数据分析师和科学家、软件和应用程序开发者、电子商务和社交媒体专家的需求将增加，这些职位都特别依赖或受益于技术 • 明显需要“人类技能”的职位，将迎来需求的增长，如销售和营销专业人员、创新经理和客户服务人员 • 预计供过于求的职位包括从事例行工作的白领职位，如数据输入员、会计和薪资结算员
不同行业的未来就业形势
虽然未来就业市场的整体前景较为乐观，但不同行业的劳动力扩展和收缩程度各有不同。职位流失率预计会有较大差别。例如，在矿业和金属、消费品、信息与技术行业，预计削减职位的公司比例高于专业服务行业的公司。一个行业的职位和技能需求减少，但另一个行业可能会增长。这些结论显示，不同行业之间存在协调推进职业转型策略的机会

（续）

不同地区的未来就业形势
不同区域的职位需求各有差异。据估计，各区域预计将增加的职位需求包括： • 东亚、太平洋和西欧的财务和投资顾问 • 拉丁美洲和加勒比海地区、中东与北非、南亚和撒哈拉以南非洲的装配和工厂工人 • 北美的电工工程师
各行业技术再培训需求形势
所有行业预计都将形成可观的技能差距，预计 2018—2022 年，技能再培训需求最高的是航空与旅游业 在信息与通信技术、金融服务和投资、矿业与金属行业，技能差距也十分显著 交通运输行业是最不可能对现有员工进行再培训的行业，而全球健康与医疗、化工、先进材料和生物技术行业的企业领袖则最有可能再培训员工

三、在实践中探索解决方案

此刻，回顾了当下就业领域的重大命题和由人工智能技术引发的新一轮冲击与机遇，我们再来讨论社会研究方法时，更多的问题应该集中于它的效用性和反哺性。

当我们对关切的社会问题进行实验时，例如人工智能技术是否会加剧不同教育程度的人的收入差距，就意味着我们希望通过实验得到确切的结果，认证它是否有效达到了我们预设的目标。社会议题如就业，往往有着复杂的层次和广泛的影响群体。而实践和研究方法通常会从小规模的试点做起，基于一定时间、特定条件下的对比参照，再来判断参与者的行为或后果是否有所改变。这种类似“虚拟情景”的研究尝试，[1]可以就我们所关心的公共政策问题进行对现实“侵略性”较小的实证分析，得到更为真实的结论，为制定合理的社会发展政策提供更有价值的策略支撑。

1. 美国“负所得税（NIT）”随机对照试验

1968—1980年，美国进行了四次大型“负所得税（NIT）”随机对照试验。[2]负所得税是利用税收来调节不同社会群体间收入差异的一种福利手段，即由政府确立一档收入标准，现金补助低于此标准的人，而收入高于此标准的将支付税收。[3]该项试验最终选定了美国新泽西州的几个地点进行测试，主要目的是检验负所得税的推广是否会降低工人们的工作努力程度。经济学家们假定了两种负所得税推广的方式。第一种可能的方式是直接给一个没有外来收入的家庭一个有保障的最低收入，即负所得税，极端情况下该家庭成员可能完全不愿意工作了；非极端情况下，即便家庭成员们不会从各自的岗位辞职，他们也可能会减少工作量，因为他们可以用更少的工作时间来满足基本需求。经济学家称上述情况为收入效应。第二种可能的方式是通过将每

[1] 肖鹏，王志刚，聂秀东. 社会实验：一种新的公共政策评估方法［J］. 统计与决策，2009（20）：140-142.

[2] 杨芬莹. 美国版基本收入：有条件却很公平的“负所得税”制［EB/OL］.（2016-07-25）［2020-10-02］. https://www.twreporter.org/a/usa-basic-income.

[3] 聂佃忠，雎国余. 个人所得税、负所得税与社会保障税三税统筹设计的构想［J］. 兰州大学学报（社会科学版），2011，39（2）：88-93.

挣得的一美元减少一小部分福利，将负所得税与工资和地方所得税等连在一起，降低工资的净值，并诱使接受者用休闲来替代工作。经济学家称为替代效应。

对此，美国新泽西州的实验人员使用了一个复杂的模型来测量这两种效应的强度。实验参与者被分配到不同的实验组，控制变量是基本保障和税率（或转移支付率）的不同组合。该样本包括一组对照组家庭，这些家庭没有资格获得任何实验性付款。最后结果发现，负所得税在一定程度上缩小了贫富差距，但并没有走向平均主义；降低税率对劳动力供给基本没有影响。

2. "普遍基本收入"实验

如今，伴随着技术的一个个奇迹，学者和产业界人士开始担心未来绝大多数人将面临没有工作的处境。尤瓦尔·赫拉利在《未来简史》中预言，我们中的极少数人将升级为超人，甚至人神；但绝大多数人，则成为一种新的群体，叫作无用群体——他们或许不具备经济价值，也没有政治势力，因为他们不管做任何事情，都比不过人工智能。对此，越来越多的人开始关注并呼吁普遍基本收入这一社会福利主张。

在美国，以硅谷为代表的西海岸等地正对这个概念进行试点。例如，美国加州的斯托克顿每月向125名居民每人支付500美元。斯托克顿市的市长迈克尔·塔布斯（Michael Tubbs）在2019年表示："大约2年前，当我第一次宣布我们正在进行普遍基本收入试点时，人们认为这是可怕的或疯狂的。但在某种程度上，这种概念如今已经成为主流。人们真的在讨论它的优点。”尽管有着极大的积极意义，斯托克顿的基本收入实验并没有遵守普遍基本收入的最纯粹定义，因为只有一小部分人有资格领取补贴——要获得参加该计划的资格，居民必须至少18岁，并居住在斯托克顿社区，家庭收入中位数等于或低于该市的整体水平，即46033美元。斯托克顿试点项目的初步结果表明，到目前为止，参与者的大部分钱都花在了购买食物上，但这是否会削弱他们找工作的动力，目前尚不可知。

与之相对，芬兰是目前全球范围内唯一在全国范围内展开全民普遍基本收入试点并初步得到评估结果的国家。2019年，芬兰政府宣布了该实验的基本结果。针对随机抽样挑选的2000名失业人员，芬兰的研究人员进行了为期2年的无条件每月发放560欧元基本收入的社会实验。结果显示（表5-2），领取基本收入的实验组在实验的第一年平均工作了49.6个工作日，比对照组仅仅多出了0.5个工作日。获得工资收入占总收入的比例为44%，比对照组多出了1个百分点。领衔的研究团队VATT经济研究院首席研究员卡里·哈马莱宁（Kari Hamalainen）表示，整体而言，无条件基本收入对就业的影响很小，对部分领取普遍基本收入的人来说，求职一事和官僚作业或经济奖励无关。值得注意的是，虽然无条件基本收入对失业者的就业意愿影响并不显著，但有抚养小孩的受试者，其就业率似乎较其他失业者略高一些。不过，就本次实验所设定的条件（例如受试者背景、分组状况）来看，该论点仍无法获得完全的确定。

表 5-2 芬兰普遍基本收入实验

<table>
<tr><th colspan="2">项目</th><th>实验组</th><th>对照组</th></tr>
<tr><td colspan="2">干扰因素</td><td>每月无条件领取 560 欧元</td><td>无基本收入保障</td></tr>
<tr><td rowspan="3">实验结果</td><td>年工作时长</td><td>49.6 日</td><td>49.1 日</td></tr>
<tr><td>工资收入占总收入比例</td><td>44%</td><td>43%</td></tr>
<tr><td>心理状态</td><td>积极地描述自身健康状况，对生活也更加满意；紧张、沮丧、悲伤、孤独等负面情绪相对较少</td><td>无变化</td></tr>
</table>

实验组人员的精神压力、注意力及其他身体上的问题有所减少，他们对未来及社会更有信心。实验人员透过访谈发现，相较于对照组，领取无条件基本收入的实验组成员会更积极地描述自身健康状况，对生活也更加满意，紧张、沮丧、悲伤、孤独等负面情绪相对较少。实验组成员对自己的认知能力，包括记忆力、学习力和专心程度，也有较正面的看法。

总的来说，上述在就业领域开展的社会研究主要展示了政府派的实践路径。除此之外，还有市场派和个体派的路径。市场派强调在经济发展中通过市场变量的刺激和变化观察对就业问题的影响，个体派则强调靠民众自身和环境因素的变化来比较对就业的影响。其中，个体派的路径并不常见，并且经常依赖于其他路径的存在而存在。三种路径并不相互排斥，而是相互补充，有助于研究者从不同层面来观察社会实践与研究的效用。

3. 我国的就业问题的实践与研究

在我国，政府派的实践路径也是主流。不论是试点创新高等教育手段，还是在部分地区试验新型公共政策对就业的效用，过往的研究和报道都有较为详尽的记录。

以提升最低收入和就业关系的考察为例，借鉴自然实验的思想，戴小勇等人[1]将提高最低工资标准视为一项自然实验：根据是否提高最低工资标准，将企业分为实验组与对照组，结果见表5-3。

表 5-3 我国最低收入和就业关系实验

项目		实验组	对照组
干扰因素		提高最低工资水平	不提高最低工资水平
实验结果	就业总量	无变化	无变化
	员工数量	个别企业员工数量显著减少	无变化

实验组内的企业来自提升最低工资标准的地区，而对照组中的企业来自未提升最低工资标准的地区，两相比较来评估最低工资标准提升对就业的影响。结果显示，工业企业的雇员数量并未因总体上最低

[1] 戴小勇，成力为. 最低工资标准提升的结构性就业效应——来自我国工业企业的自然实验［J］. 现代财经，2014（5）：105-113.

工资标准的提升而有明显的变化，但工资水平较低、劳动密集型或中低技术产业的企业内的员工数量有显著下降，那么，由此出台的保障低收入群体的政策就更有指向性，会在不同要素之间找平衡，避免“一刀切”的负面影响。

而就市场派而言，有学者通过准自然实验的方法，考察地方城市商业银行对地方就业的影响。[1]该实验基于金融发展与就业存在紧密联系的假定，关心的是城市商业银行这一具有地域特征的金融机构设立是否能够带来就业规模效应和结构效应，以及通过何种渠道产生影响。它基于城市商业银行的经营特点和差异化市场定位，从城市商业银行对宏观经济增长、信贷资源配置和小微企业信贷可得性可能产生的影响角度，分析相关的就业效应。该实验以1994—2016年中国280个地级及以上城市和2015年小微企业调查数据作为研究样本，数据主要来自《中国城市统计年鉴（2015）》《中国金融年鉴2015》《2015年中国区域金融运行报告》等，建立模型和选择合适的分析变量，结果发现，城市商业银行能通过促进区域经济增长、改善信贷资源的配置，直接促进地方就业规模的扩张；同时，也有助于小微企业改善经营绩效和信贷资源能力，间接促进就业岗位的增长。

最后，在个体派路径层面，有学者通过分析个体能接触和利用的社会网络，不论是正式的招聘广告、职业中介，还是个人和家庭的社会关系，来考察对劳动就业的影响。结果显示，拥有强社会网络的个

[1] 韩瑞栋．城市商业银行与地方就业——来自准自然实验的证据［J］．金融论坛，2020（2）：68-80.

体更容易扩大自身的工作搜索范围、提升求职成功的概率，而掌握了更好社会资本的人彼此之间更有可能成为朋友，从而获得更好的社会网络和随之而来的更优越的工作机会。[1]雷培莉等人则通过设计的3轮在线求职选择实验，从全国20所高校共收回了875份在校大学生的反馈，分析发现了高校毕业生的择业行为同时存在差异性和一致性，比如每位参与者对自身都有着个性化的认知和评价，但都希冀相对稳定的预期薪水。[2]

综上，上述政府派、市场派和个体派的路径很好地界定了传统就业领域社会实践的研究范围，但对于在人工智能等新技术条件下的就业问题研究来说，或许过于狭窄。我们需要在路径选择上尝试突破，主要通过对以政府自上而下管理路径为中心的反思，考虑补充社会派的实践路径，即靠公民之间、公民自发性组织互济互助和群力群策的实践方法，而政府派的路径在此应更多充当帮扶者、支持者、协作者的角色。当然，更完美的可能是把多种路径结合在一起，让人工智能条件下的就业治理研究生机勃勃地开展。

---

[1] 郑晓涛，李旭旦，相正求．社会资本和人力资本对大学生就业的影响［J］．高等教育研究，2006（8）：20–25．

[2] 雷培莉，胡珊，温波，等．基于工作搜寻理论的高校毕业生就业行为研究［J］．经济研究导刊，2011（31）：112–114．

6

第六章

教育——启迪智慧　面向未来

在联合国教科文组织的支持下，国际人工智能与教育大会于2019年5月在我国北京成功举办。众多来自世界各地的国家代表共同参加这次会议，共同展望智能技术引领下教育的未来发展方向，在充分讨论的共识基础上，会议发布《北京共识——人工智能与教育》。虽然全人类对人工智能与教育系统的融合寄予厚望，但是人工智能能否有效助力实现教育公平和个性化？是否能够普遍提高教育水平和质量，推动实现教育治理现代化？现有人工智能在教育行业应用过程中遭遇哪些挑战？这些都是教育工作和相关政府治理决策过程中的困惑。

从我国教育与人工智能的融合现状来看，教育行业保持着应有的保守性。人工智能技术在教育行业中的应用仍处于“在谨慎探索中前进”的状态，同时遭遇制度限制、治理体系改革挑战、产品与服务缺乏效果评测标准等一系列问题。研究者认为从以下几个方面开展人工智能社会实践与研究，边求证边推进人工智能与教育系统的融合，或许是推进人工智能技术应用与教育现代化的有效路径：

- 在建设中求证——用示范区、试点的方式降低政策决策风险。
- 在更广域的空间里构建教育社会治理机制——大数据平台建设。

- 在产品场景中建立对教学、教辅产品的评价标准。
- 以长期的社会学、社会心理学观察来探索解决伦理困境。

一、我国当代教育的主要问题

教育既是人对社会的需要，也是社会对人的需要。同时，教育与社会的发展、国家的进步紧密结合在一起，是立国之本、民族之魂。效率和公平已经成为社会现代化快速发展中不可避免的矛盾点，现代教育也难以兼顾效率和公平。但是教育领域和其他领域（经济领域和政治领域等）有着本质区别，矛盾也呈现不同的特征，如何实现教育公平、教育个性化乃至教育治理现代化升级等问题困扰着处于不同发展阶段的各个国家与政府。

1．教育资源配置的公平性问题

教育公平是一个亘古不变的教育话题，早在2000年前孔子就提出有教无类的概念，认为无论人的身份地位如何，都可以公平地享受教育，体现了朴素的教育公平思想。教育公平也是一个长期探讨的历史话题，它依赖于一定的社会条件而存在，社会大众固有的教育观念以及社会经济的发展水平都会影响教育公平的内涵。古代封建社会中，只有少部分掌握国家权力、身份高贵的人才有资格接受正规教育，社会地位较低的普通群众无权享受教育。工业社会的到来降低了教育的准入门槛，越来越多的劳动人民能够享受教育，社会大众也因此逐步形成对教育公平的认知和需求。随着时代的发展和观念的更新，人们对教育公平的追求点不断发生变化，从起点过渡到过程最终发展为结果公平，如今社会大众越来越重视教育结果的公平。

1949年以后，我国实施并推广九年制义务教育制度。国家统计局统计数据显示，1949—2015年，在短短66年间人口识字率几乎提高了5倍，达到了96.4%，堪称人类发展史上的教育奇迹。但是伴随整体社会经济发展水平的提高，与经济发展水平不均衡相对应的教育资源配置不均衡也日益凸显。从社会学角度来看，教育不公平被广泛认为是社会不公平的产物，但同时又是解决这一问题的有效手段。可以说，随着社会的发展和人类进步，人们始终在追求教育公平，它是人类社会发展的重要动力和奋斗目标。

2．教育服务的个性化问题

21世纪以后，西方学者专家重新定义了教育公平的含义，指出教育公平并不是名义上的“机会平等”，而是应该指“每个人都能接受适当的教育”。教育公平的含义是深入挖掘学生的个人潜力，重视弘扬学生的个性，帮助学生学习更多的知识。可以说因材施教一直是教育公平的另一种诠释。

北京师范大学副校长、知名教育家陈丽教授曾在2018未来教育大会（Global Education Summit，GES）上指出：“我们现阶段教育的主要矛盾是现有的、标准化的、以传递知识为主要目的和形式的教育供给，跟我们人民群众所期待的优质的、灵活的、终身的、个性化的，除了获得技能以外，还能让自己拥有美好的体验的这样的教育需求之间的矛盾。满足这样的需求，顺应这样的时代变化，需要的教育变革是一个非常长的历史阶段，也许是5年、10年或者30年。这是人类社会发展必然经历的一个阶段，而这个阶段的变革没有规定的路径。”

伴随着经济与科技的发展，现阶段社会的主要矛盾发生了变化，人民的教育需求发生了变化，教育的主要任务也因此发生了变化。在解决教育公平性的基础上，根据不同公众的特征选择合适的教育方式并提高教育质量，是新时代下公共教育服务的新发展方向。

3．教育治理现代化任务

20世纪90年代以来，越来越多的国家关注现代化问题，国家经济发展、社会进步和历史变迁过程中，不同领域的重大变革的集中体现就是现代化，包括政治、教育、文化、经济等。[1]不同国家的现代化模式各不相同，我国现代化的起步时间较晚，因此任重而道远。党的十八届三中全会明确提出“国家治理体系和治理能力现代化”的概念，坚定不移地走中国道路，努力建设现代化治理体系，是新时期党的重大战略任务。教育是国之大计、党之大计，是寄托亿万家庭对美好生活期盼的重大民生问题，是国家治理体系中的重要组成部分，必

[1] 夏锦．国家治理体系和治理能力现代化的中国探索［N］．光明日报，2019-11-19（6）.

须勇挑治理现代化的重任。

2019年，中共中央明确提出新时代下现代化教育的发展目标，《中国教育现代化2035》提出了推进教育现代化的总体目标：

“2035年主要发展目标：建成服务全民终身学习的现代教育体系、普及有质量的学前教育、实现优质均衡的义务教育、全面普及高中阶段教育、职业教育服务能力显著提升、高等教育竞争力明显提升、残疾儿童少年享有适合的教育、形成全社会共同参与的教育治理新格局。”并且进一步明确，教育领域要引进先进的教育技术，将人才培养模式和现代教育技术相结合，通过开创智慧教育示范区，提供智能教育的发展模板，顺应现代教育需求的发展潮流，提供高质量、智能化、个性化、现代化的教育，有助于提高教育治理水平，建立科学完善的教育治理体系。

调研显示，人工智能所代表的新一代科学技术在解决教育领域上述重大问题上表现不俗，但是也带来了新的风险与挑战。

二、人工智能在教育领域的应用现状

李德毅院士早在2017年详细评价人工智能的实践与应用情况时，就指出人工智能对现实社会的方方面面都产生一定的影响，对教育领域的影响最为明显，人工智能带给教育的就是改变。

实际上教育仍然是个保持着必要的保守的行业，相对于人工智能技术与产业在消费、生产和其他社会领域里的快速渗透，人工智能在教育行业的应用可以说还处于“小荷才露尖尖角”的阶段。艾瑞咨询在《2019年中国AI+教育行业发展研究报告》指出，人工智能在教育行业的基础设施水平和价值空间，相对于其他行业来说，都处于中游水平。虽然应用基础条件有一定优势，然而应用水平较低，普及速度较慢，未采用一致的标准规范行业数据，并未取得良好的实践效果。

具体来说，人工智能在教育领域中的应用有以下几个特点：

1. 教育信息化的应用基础

教育信息化是指在教育与教学领域的各个方面积极应用信息技术，深入开发、广泛利用信息资源，培养适应信息社会要求的创新人才，加速实现教育现代化的系统工程。其本质就是实现教育信息与知识的共享，它是实现教育公平的重要手段之一。因此，信息化建设是我国现代教育发展重大战略任务之一，党和国家对此表示高度关注。为了促进教育的信息化、现代化发展，教育部陆续发布一系列指导性文件：从《国家中长期教育改革和发展规划纲要（2010—2020年）》《国家教育事业发展“十三五”规划》《教育信息化十年发展规划（2011—2020年）》到《教育信息化“十三五”规划》等，从顶层大力推进“宽带进校园、数字图书馆公开化、教师信息化素养培训”等一系列软硬件结合的建设工作，为人工智能在教育行业中的应用打下良好基础。

为深入贯彻落实党的十九大精神，2018年4月教育部颁布了旨在加快教育现代化和教育强国建设的《教育信息化2.0行动计划》，文件指出：“人工智能、大数据、区块链等技术迅猛发展，将深刻改变人才需求和教育形态。智能环境不仅改变了教与学的方式，而且已经开始深入影响到教育的理念、文化和生态。教育信息化2.0行动计划是顺应智能环境下教育发展的必然选择。”

除了教育部门对教育信息化的强力推进，我国“新基建”工作也为全社会的智能化升级提供了基础保障。活跃的社会资本与互联网交互技术有效结合，在社会培训机构中不断更新升级教学条件和工具，也为人工智能在教育领域的应用打下良好基础。

2. 为实现个性化教育提供技术支持

如前文所述，个性化教育是教育公平的另一种诠释，是教育质量提升的体现，同时也是大规模、普及的教育公平无法兼顾的另一面。以大数据为基础的人工智能学习产品在个性化与普及化之间似乎探索出了一条新的路径。

在教育专业领域中，以满足个体的学习需求为目标的教学形式称为自适应学习。利用数据挖掘、深度学习等技术赋能教育产品，人工智能将传统教学的自适应学习升级到了“智适应”学习。智适应学习系统可以根据学习者多样化、个性化的学习需求创设不同的场景，提供全新的学习思路、高效率的学习方法和合适的学习内容，从而提高个体的学习效率。系统通过搜集整理和分析利用数据，获得训练样本，利用智能技术建立核心算法模型，根据学习者的不同需求合理推荐学习路径，输出包括不同材料的优先推送等级、测评不同资料学习情况的指标和学习材料，详情如图6-1所示。

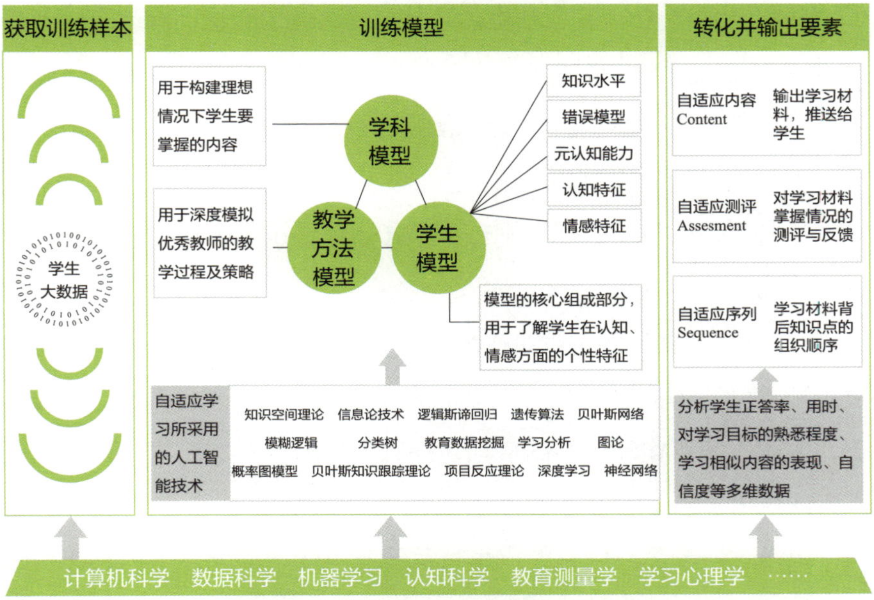

图6-1 人工智能自适应学习系统的基本原理

（注：本图来自艾瑞咨询《2019年中国AI+教育行业发展研究报告》）

本质上，智适应学习系统是利用人工智能技术大规模实现个性化学习的尝试。乐观地说，伴随人工智能技术与教育内容进一步融合，在教育公平基础上大规模实现个性化教育指日可待。

3．应用场景涉足教育各个环节

从教育目标和教育业务应用场景来看，教育教学活动可划分为教学、学习、管理、考试四个场景。在教育信息化工作的成果积累下，人工智能技术在上述场景的应用产品或服务中都有所涉及。

其中，“教”和“管”的主体是教育者，人工智能面向教育者的产品也围绕着这两个方面进行：在“教”的环节上，人工智能的核心目的是减轻教师工作负担，实现精准化教学；而在“管”的环节上，人工智能的辅助性应用更加广泛，比如，用于优化教务流程、教职工招募、排班排课、校园管理和制订招生计划等，可大大提高教职工的管理水平和工作效率。

“学”与“考”的主体是受教育者。“学”的场景下，人工智能通过智适应学习方式，提供了实现教育个性化的可能性；“考”的场景下，人工智能可实现试卷的自动化评阅，提高了阅卷速度，减轻了阅卷者的压力。

但是这些产品与服务的应用普及情况不佳，部分产品仍然存在伦理争议，因此人工智能在基础教育环节的应用依然有限。相反，社会教育机构比较活跃，尤其在教学这一环节当中，自远程教育发展而来的慕课系统已经在实践运用中得到了长足的发展。

4. 产品仍以外置型技术辅助为主

从目前国内外的应用研究与技术开发来看，人工智能教育的研究理念大多围绕“以学习者为中心，关注技能素养与非智力因素”，研究思维正从过去的教学环境智能化向过程智能化转变。但是，应用产品研发却依然停留在针对现有教学环境优化上，对实现人工智能技术与教育行业应用融合性关键问题鲜有涉及，比如，对教学目标的可测量性、教育评价规则与机器规则对接等问题尚未见有深入探索。

同时，一些技术专家认为在教育领域中人工智能应用与发展应更加具有前瞻性，更应着力于人工智能的基础技术与教育学、心理学、脑科学等领域研究成果的结合，探索智能时代的认知特征、学习本质与教育价值，针对不同的情景开发和使用不同的教学技术。事实上，目前这些致力于提高非智力因素的学习手段也在传统教育领域引起更多争议，一些教育专家忧虑过度使用人工智能的辅助手段会导致学习的功利化。

总之，目前人工智能在教育领域的产品仍以外置型技术辅助为主，真正走向内融型、辅助提高认知能力的技术手段还在萌芽期。

三、人工智能在教育行业应用中的问题

人工智能在教育行业中的应用还有待进一步拓展，其价值表现形式也不甚清晰。同样，人工智能应用引发的伦理问题也才初露端倪，许多潜在风险还没有完全凸显。风险和机遇同时存在，对人工智能在教育行业中的应用秉持一种既非辩护也非反对的理性审慎态度，在乐观中保有一份谨慎，对人工智能热进行伦理层面的冷思考，是我们必须面对的一项重要而紧迫的时代课题。

1. 阶段性扩大教育不平等

虽然人工智能被认为是实现教育公平的支撑技术之一，但是大面

积地推广人工智能应用却可能阶段性加剧教育资源配置不平等。人工智能的应用根植于信息化建设，现代化教育发展的首要目标是“提高教育资源利用率和减少基础教育差距”，虽然信息化建设在城乡和区域之间差距日益缩小，但是发展的不均衡性依然存在。而且相对于信息化建设的“硬件”差距，师生网络素养、信息素养的“软件”差距在短期更加难以消弭。人工智能技术的介入有可能将“数字鸿沟”直接推向“智能化鸿沟”，形成另一种形式的教育不平等。

以2020年新冠肺炎疫情期间全球的“停课不停学”活动为例，这场历史上规模最大的全球范围远程教育推广实验，成了各国移动互联网通信发展的有效检验场景，也是全球师生网络素养、信息素养的一场现实大考。答卷如何呢？2020年6月24日，联合国教科文组织驻华代表马里亚尔瓦·奥利韦拉（Marielza Oliveira）女士在第四届世界智能大会发言：“全球有40%的学生因为各种原因无法参加新冠肺炎疫情期间的线上远程课堂。”可见人类尚未跨越“数字鸿沟”，在数字化、信息化基础上发展而来的人工智能技术有可能将重新定义“数字鸿沟”，取代之以“智能化鸿沟”。

2．对行业生态的冲击

如果将新冠肺炎疫情期间的“停课不停学”活动看作是一场教学活动的社交性阻隔实验，这场实验检验了从互联网通信基础建设水平到师生网络素养能力等多种指标，也给教育领域学者带来管窥未来教育体系生态样貌的机会。

从教学一端来看，新冠肺炎疫情期间的远程教学工作是对各科教师网络素养、信息素养的一次大考查，教师在远程教学过程中的角色发生了多种裂变，从授课老师变身成为“主播”已成众所周知的事情。一人分饰多角，大大增加了教师的工作量。民间机构调查显示，70%以上的教师表示备课和批改作业的时间都在变长。而且值得注意的是，不仅教师的工作量变大，远程教学中师生交互方式的改变还使在传统教学过程中表现优秀的教师优势消失殆尽，教学形式以及信息传播媒介的改变极大地影响了教育的过程与效果，使教师的传统教学经验失去了用武之地，因而教师在远程教学工作中无所适从。

北京师范大学未来教育高精尖创新中心执行主任、“移动学习”教育部—中国移动联合实验室（教育部重点实验室）主任余胜泉教授认为：“在新基建的发展背景下，面向未来的教育，教师的协同主体更加多元化，教师不再垄断知识，也难以维持以往的权威性，网络用户可以和他人共享知识，也可以生产和传播知识，网络用户只要掌握相应的知识，就可以成为知识的传播者和教育者，利用互联网满足他人的教育服务需求。人工智能程序也是如此，人工智能教师将会在教育领域中发挥重要的作用。”

从社会发展的历史来看，社会分工的细化必然伴随大规模的社会协同，带来行业的进化与提升。同时，教师角色的调整和分化，不仅对教师的网络素养、信息素养提出新的要求，也是对学生的学习方式与习惯的挑战，必将重塑家庭教育和学校教育以及校外社会培训机构的关系，教育行业的生态必然遭受前所未有的冲击。

3. 应用效果存在不确定性

人工智能技术应用效果的不确定性也是制约其推广普及的因素之一。就国内人工智能应用现状来看，由于人工智能教学与教辅产品形态刚刚完善，人工智能技术本身应用效果缺乏验证与评定过程，更毋论评价标准。例如，人工智能在教育中运用最广泛的环节就是人工智能评分，它一直被运用于试卷的选择题部分。但随着人工智能技术的进步，它的应用有了进一步的扩展。据悉，一些国家已经将人工智能技术应用到作文评分环节，仅国内就已经有超过1.2亿人次作文被人工智能批改过。[1]这采用的就是语言智能评测技术，其工作原理是将完整的文章拆解成不同的部分后再进行评估打分，如词汇、内容分析、语法、风格比例等，将其与标准语料库进行对比，然后再通过算法将其映射成分数和评语。

虽然这项技术的运用提高了教育评价的效率，但同时其弊端也无法忽视。例如，人工智能技术在美国教育领域的初步尝试就是美国研究生入学考试（GRE）的作文评分，为测试其安全性，负责人特意写出一篇文章，没有任何实质性内容，但是包含很多高级的语法和词汇，最终这篇文章得到较高的机器评分。弱人工智能在应用过程中经常会出现此类问题。

---

❶ 张焱．积极适应“AI批改作文”的潮流［N］．光明日报，2019-10-18（10）．

4．安全、伦理问题的争议

由于社会大众对人工智能应用教育的限制范围并未形成统一的认知，2018年5月，海康威视联合杭州某中学研发的全国首个智慧课堂行为管理系统——“慧眼”，就引发过关于新技术在教育领域的应用边界的热烈争议。在媒体的报道里，“慧眼”可监测学生的6种行为，如记录、站立、阅读等，并结合不同的面部表情（厌烦、开心、难过等）了解他们的学习状态。

人脸识别技术在学校里的应用，在中外教育界都引发了不小的争议，学生的隐私权问题浮出水面。据报道，瑞典一所高中因运用人脸识别技术进行学生考勤管理，而受到瑞典法院支付20万瑞典克朗罚金的判罚。虽然校方表示学生和家长并没有反对运用人脸识别技术进行考勤管理，可是数据监管机构认为这一行为存在信息不对称问题，管理者掌握大量的数据信息，持有者掌握的数据信息有限，即使学生和家长并没有提出反对意见，二者与校方达成的协议也不具备法律基础。

除了隐私安全之外，一些关于教育伦理的反思更加引人注目：如果以人脸识别技术为核心的课堂分析系统被纳入对教师课堂教学效果的评估，那么教师很可能被迫屈从系统设定的各项算法，尽可能地提高自己被系统评定的分数。已有研究者指出，如果将系统监测的结果纳入教学考评环节，所有的教学行为都会受到摄像头监控，教师可能因此出现作秀行为，如为了吸引学生的注意力，故意讲一些与课堂无关的话题，让学生开怀大笑，或者为了减少学生的排斥心理，只教一些非常简单的知识。一旦课堂空间没有了“后台”，全部都是“前台”，所有外显的情绪也就具有了强烈的工具性价值，作秀将不可避免。更重要的是，如果缺少必要的伦理约束，这样一种既不信任学生也不信任教师的制度设计就很容易与教育的民主价值背道而驰。

人类正处于科技进步带来的社会快速变革阶段，未来具有极强的不确定性。教育者和受教育者该如何对充满了不确定性的未来做好准备。北京大学教育学院教育技术系汪琼教授在媒体采访中指出，“人工智能+教育”引起诸多的讨论和争议，是因为从事人工智能教育产品开发的企业和机构并不理解什么是真正的教育。人工智能技术是教育现代化进程当中的工具，可助力教育现代化变革，却无法改变社会教育体系的本质。

苏格拉底认为教育是唤醒人的内心世界。现代教育的发展历程就是从精英教育走向普惠教育的过程。而在这个富足经济时代，如何从普惠的、补短的教育走向个性化的、扬长的教育？当人工智能可以替代大部分人力时，什么才是人类区别于机器智能的本质？什么才是面向未来的教育的本质？这些本源性问题将伴随人工智能技术的进步再一次摆在人类的面前。

四、教育领域人工智能社会实践与研究探索解决方案

人工智能是一门很前沿、很年轻的科学，在教育领域里的应用仍处于探索阶段，面向未来教育的人工智能该如何实践并无成功案例可

以遵循。然而，当人工智能技术的探索即将驶入无人区时，人工智能的社会实践与研究或可成为无人区探险的先遣队、侦察机。“摸着石头过河”的经典实践路线告诉我们与其茫然等待不如小心尝试，一些探索性的实践工作可作为示范借鉴。

1. 建设示范区、开展试点性的工作

建设示范区、开展试点性工作在人工智能社会应用的研究与实践中被广泛使用，是在大面积推广技术和政策之前的试验性工作方法，以帮助人们有效地在“一边建设一边求证”工作中总结实践经验，降低整体风险。

在教育领域里除了政府积极推动的示范区项目之外，民间的实验项目也参与其中。

（1）**政府推动型案例——杭州市余杭区人工智能进校园项目** 成为“国家新一代人工智能创新发展试验区”的入选城市后，杭州正在全面展开人工智能创新发展实验。为了落实国家任务同时推进教育行业的人工智能应用发展，余杭区积极开展人工智能进校园项目，并出台相应的指导性文件——《关于开展余杭区人工智能教育进校园项目的实施意见》（余教〔2020〕22号）。该文件设定了四大实施目标：①构建人工智能教育三级部署体系。实现从义务教育段到普职高段开展人工智能教育部署体系，构造“标准校实验室+中心校实验室+基地实验室”的三级体系，开展人工智能教育（图6-2和图6-3）。②打造人工智能教育贯通课程体系。建设余杭区人工智能教育课程

体系，匹配三级体系的实施路径，实施《AI上未来制造者》系列课程，实现对区项目校全体中小学学生人工智能教育的全覆盖；实现课程资源体系化，形成地方性特色人工智能课程资源库。③建立人工智能教育教师培训体系。围绕人工智能教育实践的服务内容，形成师训体系的整体建设。以教学需求为出发点，关注教学实践，推动课堂创新变革，促使教师专业发展；创新人工智能教育实践培训资源建设，完善全程监测的师训评价体系。④搭建人工智能教育活动体系。通过“创意设计、创意智造、创新智能”的活动探索与实践主线设计，组织参与人工智能教育品牌有影响力的竞赛，为省级、国家级、国际性竞赛输送选手；组织相关科创活动、人工智能峰会，打造国家级人工智能科创教育示范基地，为学校提供互动共享交流平台，为区域培养未来的智造者。

图6-2　杭州市余杭区人工智能教育基地课堂实训

图6-3　杭州市余杭区人工智能教育瓶窑中学基地

（2）**民间自发型案例——新教育实验** 我国当代教育理论家、中国教育学会第八届理事会学术委员会顾问朱永新教授带头改革民间教育，主动发起新教育实验，2007年即因为该项活动被评为“中国改革十大新闻人物”。新教育实验采用十个不同的行动路径，起点是实现教师的个人发展，希望所有成员都可以享受高质量的教育生活。

初期新教育实验的十大主题行动如下：

营造书香校园、师生共写随笔、培养卓越口才、聆听窗外声音、构筑理想课堂、建设数码社区、缔造完美教室、推进每月一事、研发卓越课程、家校合作共育。

如今，新教育实验已经取得良好的实践成果，近400万师生和3000多所高校都是新教育实验的受益者，获得诸多的欢乐。新教育实验的实践成果极大地冲击了传统教育格局，可以填补公立小学教育的不足之处。如今，全国各地积极开展新教育实验，目前无法准确预估新教育实验的未来发展前景，但是新教育实验已经为教育界带来全新的发展动力。

作为民间教育改革实践项目之一，新教育实验的持续时间较长，实践成果良好，参与人数众多，实验规模较大。它摆脱了传统应试教育的弊端，打破了教师的职业瓶颈，将理论知识和实践成果相结合，获得了优质讲师、珍贵课程、理想课堂等一系列扎扎实实的成果。[1]

---

[1] 刘道玉，朱永新．新教育实验的播火者［N］．光明日报，2018-08-26（12）．

2. 开展基于大数据的治理实践

党的十八大以来，党中央高度重视网络安全和信息化工作，并做出了建设数字中国的决策部署。“要运用大数据提升国家治理现代化水平”“要运用大数据促进保障和改善民生”。不同领域要应用大数据，在政府部门的牵头下，走数字化转型之路。

政府部门要解决信息封闭问题，快速传播和高效利用信息资源，既可以提高办事效率，也为公共服务开拓了新的思路和渠道。打通跨界数据将教育治理置于社会治理背景之下，为提升教育治理水平提供了新的途径。

以杭州为例，在城市大脑的数据积累和治理能力提升的基础上，2020年教育领域在治理规划时提出了新的治理应用场景需求，打通户籍与学籍管理数据，实现入学预警功能，让学校与家庭能够提前获悉相关信息（图6-4）。规划书的部分内容节选如下：

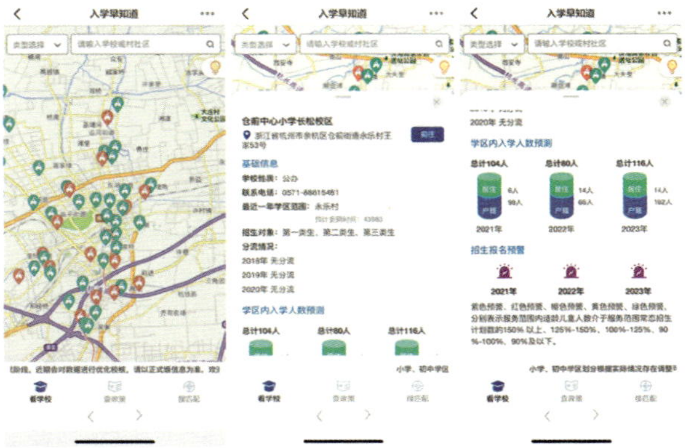

图6-4 杭州市余杭区学情预警产品——“入学早知道”产品界面

入学预警功能：

选取热门学校试点，通过大数据协同和精准计算，提供公办小学户籍生入学预警和学区地图公共服务一张图，展示未来1～3年公办小学户籍生入学红黄预警情况，展示公办小学学区划分图、对口初中，为学生和家长提供智能查询服务。

主要任务：

1. 汇集生源信息［含户籍、不动产（房产）、居住证、社保等数据］、学区信息、招生计划、历史数据等各类基础数据，建立入学预警主题库。要加强数据资源质量管理，不断提升数据可用性。
2. 以招生规则为基础，以智能算法为核心，以校正机制为保障，构建一个入学预警智能模型，提高招生管理水平，走智能化、网络化发展之路。
3. 绘制公办小学户籍生入学预警和学区地图公共服务一张图，为学生和家长提供入学预警和学区地图公共服务，方便教育行政部门提供入学预警研判和精准管理，构建公开、智能、精准的招生管理新模式，促进教育治理体系和治理能力现代化。

3．场景化的产品测评

如前文所述，人工智能技术在教育领域里应用效果的不确定性制约了其推广普及。产业发展呼唤人工智能教育产品评测标准和准入制度的出现。并且人工智能教育产品评测不能局限于实验室，人工智能教育产品还需要进入实际的应用场景中进行使用效果以及潜在风险的相关评估。

2019年7月，针对“未来学校研究与实验计划”取得的创新成果，实施测评论证项目。该测评论证项目陆续开始了针对学校管理体系、课程内容体系、教辅产品等的测评工作。

在“未来学校研究与实验计划”重大创新成果测评与论证结果发布会上，“脑力发展与提升科学训练系统课程”与“Focus专注力训练设备”两个重大创新成果发布。

北京师范大学认知神经工效研究中心主任李小俚教授代表测评与论证专家组宣读了最终结论：“Focus专注力训练设备”关注儿童发展，技术先进，系统完善且安全可靠，具备改善和提升儿童注意力的能力，具有一定前沿性、科学性，体现了未来脑科学、教育学、心理学融合发展的方向，具备应用推广价值。但该项目仍需扩大实验样本，提高数据可靠性。同时，实验应针对不同的学生状况，差异化地设置训练方案。

资料显示，该项目在中学、幼儿园、特殊教育机构均展开详细调研，包括对照实验。

脑科学专注力与学习质量相关性研究课题

项目校：北京市第五十六中学

项目分组：本次实验选择的班级分别为初一（1）班和（2）班，由同一位数学教师按照同样的进度开展数学教学，两个班级分别为实验班和对照班。

项目时间：2019 年 4 月 19 日—2019 年 6 月 28 日。

通过为期两个多月的专注力训练，并结合学生课上课下的表现，从不同维度，如学生专注力数值、学生课后作业完成质量、进步情况及打卡情况予以激励，激发学生的学习积极性，调整学习状态，在项目结束前对学生进行了课堂投入度与参与度的自测，共计 25 名学生参与，结果显示实验班 88% 的学生课堂投入度与参与度处于一般及良好水平以上。

可以说人工智能教育产品评测的技术条件成熟、场景丰富，目前的首要任务是介入治理手段将场景化测评纳入市场管理流程当中。

4. 长期的社会学、社会心理学观察研究

伦理，即人伦道德，是指在人际交往过程中应当遵守的道德准则。人工智能引发广泛的伦理讨论主要是因为它给人类带来的新问题超出了人类社会已经形成的价值观判断范围。对于这些争议往往无法

给予纯技术层面的探索解决方案，但是长期的、基于社会学和社会心理学的社会观察或可帮助我们辨识伦理争议的本质。

阿比吉特·班纳吉（Abhijit Banerjee）等是知名教育学调查和实验的发起人，他们依托阿卜杜勒·拉蒂夫·贾米尔贫困行动实验室和贫困行动创新组织，运用随机对照试验对发展中国家的教育问题进行评估，以期为相关部门提供改善教育质量的微观决策支持。在印度农村和城市开展的随机对照试验包括三项议题：公民参与教育事务的效果评估、教育补习及计算机辅助学习对提高学生成绩的影响评估、女性领导对提高女孩的受教育程度及抱负的影响评估。以“女性领导对提高女孩的受教育程度及抱负的影响评估”为例：

调查覆盖了印度比尔普姆地区的165个村委会的495个村庄，在每个村庄中随机选取了15个家庭进行采访，针对每个家庭中最年轻的已婚夫妇以及居住在该家庭中的所有青少年（11～15岁）进行问卷调查。最终受访者的样本总量为4773份，包含2335名男性和2438名女性样本。在样本选取的过程中，青少年样本较多，女孩为1852人、男孩为1828人。

实验结果中，没有证据表明女性领导者在基础教育设施上的投资会使女孩的受益高于男孩。年轻女孩和年轻男孩上学的可能性一样，考试成绩也没有差异。但这很可能是女孩对自身期望改变的结果，做家务时间的减少反映了在一定程度上父母开始更多地给女孩时间让她们接受教育。效果时长表明，女性领导者的形象是女孩对自身期望和受教育情况变化的基础。政策可以通过提供某个群体此前无法获得的机会来推动榜样效应，并且这种为特定群体增加的机会并不会影响到其余群体的期望。另外，该文确定了榜样效应的存在能影响到女性受教育情况和日常时间的支配，具有将女性的期望转变为现实的能力。

又如著名的英国纪录片《56 UP》（图6-5），被认为是一个长期跟踪的质性社会研究的经典典范。

20世纪中叶，格拉那达电视公司制订一项拍摄计划，定期拍摄7岁的英国小孩，拍摄频率是7年一次，拍摄时间是7天，拍摄计划的起点和结尾分别是《7 UP》和《56 UP》，主要拍摄内容是这些孩子的梦想、恐惧和野心。导演希望花费较长的时间进行特定人群的跟踪拍摄，希望通过影片拍摄结果展现一个事实，那就是从7岁孩子身上已经可以窥见他们的成长模样，在这些孩子身上可以看到英国的未来。

图6-5　英国纪录片系列产品宣传海报

以上两个社会研究案例虽然并没有与人工智能直接相关，但是提供了一个长周期的社会研究与观察的范例。人工智能的智慧能力引发了人类对自我身份认定的再次审视，人工智能在教育领域探索智能时代的认知特征、学习本质与教育价值也将对教育伦理带来前所未有的冲击，因此无论人工智能技术如何日新月异地进步，关于全面应用的步骤，仍需要回到社会实践与研究的道路谨慎待之。

总之，关于人工智能遭遇的伦理问题是一个长周期的考察与认知过程，也是人类社会自我发现和认知的过程，沉浸于社会与科技发展进程，从具体而微小之处着手，长周期、宽口径的观察研究才有获得进步与收获的可能。

7

第七章

医疗——医者仁心更需仁智

人工智能技术在医疗领域的应用方式广泛，形式多样，比如人工智能在解决临床上的漏诊误诊、打通健康管理中的数字孤岛、降低药物研发的高成本和提高外科手术的精准度等方面都体现了重要的应用价值。技术进步在推动医学发展的同时，也为社会治理带来了许多挑战与风险，这些风险不但体现在技术领域上，还体现在伦理道德中，尤其是在算法偏见、隐私泄露、医生接受度、权责界定、技术滥用、伦理审查等方面。治理能力必须及时跟上技术发展的步伐，如此人们才能充分享受技术发展为医疗领域带来的便利。社会实践不但为风险的识别和化解提供了一种非常重要的方案，而且有望从社会价值的角度赋能医疗行业的发展。本章围绕以下4个方面探讨社会实践在推动人工智能技术在医疗领域发展的尝试。

- 推动数据安全与医疗伦理的规范治理。
- 提升公众就医体验及医疗质量。
- 增强公共卫生领域抵抗重大风险的能力。
- 深入挖掘并满足公众医疗需求。

一、医疗领域人工智能应用的重要价值

在我国，医疗行业长期存在地区间医疗资源（尤其是优秀医生资源）不均衡，诊断误诊漏诊率较高，疾病难以有效预防，药物研发周期长等问题。人工智能的应用在一定程度上为上述问题提供了解决方案，并极大地推动了医疗服务水平的向前发展，还深刻影响了行业的向前迈进。人工智能将包括云计算和大数据以及深度学习在内的工程技术高度融合在了一起，以此实现对生命奥秘的进一步探索，达到医疗水平的提升、疾病防控能力的增强、医疗行业整体技术的优化、医疗领域上层应用的丰富化等目的，最终实现生产生活方式的改变（图7-1）。

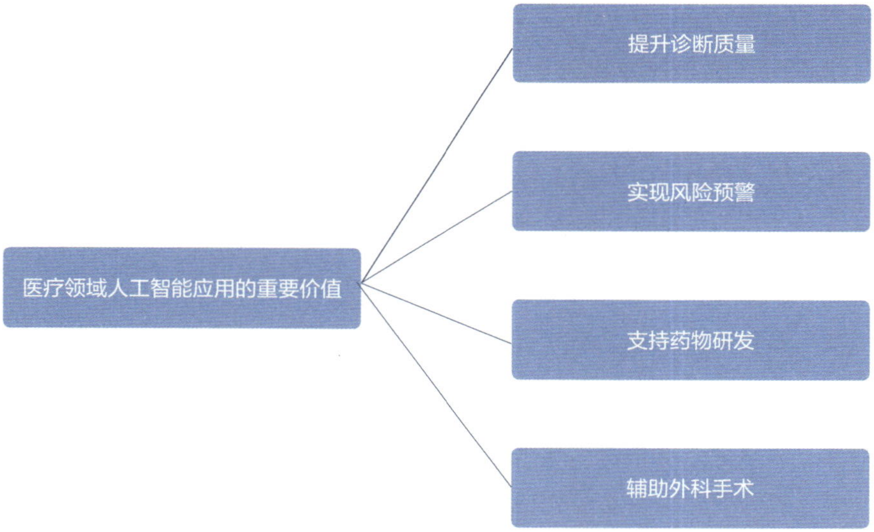

图7-1 医疗领域人工智能应用的重要价值

1．提升诊断质量

现今，我国医学影像数据的增长率已经达到了年均30%，与此同时，放射科医生人数年均仅有4%的上升。再看医疗数据的主要来源，超过九成都是从影像中得到的。而影像诊断对人工的主观分析高度依赖，主要依赖临床医生经验展开主观分析，误判的发生概率很高。专业人员数量不足及工作量的繁重也导致医学专业人员出错率提升。例如肺结节检测，某三甲医院日均接待肺结节筛查的人数为200名，患者人均对应的CT影像数量为两三百张，也就是说该院放射科医生每天要读取40000～60000张的CT影像，这一数字非常庞大。按照中国医学会的统计数据，每年因影像诊断发生临床误诊的患者人数大约为5700万人，总误诊率大约是27.8%，恶性肿瘤疾病领域的误诊率约为40%，器官异位领域的误诊率大约是60%，误诊发生的医疗机构多为基层。作为病理医生，如果凭借一己之经验，想要在众多细胞里寻找到癌变细胞，不但难度极大，而且难以确诊，故而常常发生错误诊断。图像识别技术在大数据分析的基础上，帮助医生对病灶区予以定位，进行24小时无疲劳诊断，有效解决漏诊误诊问题。

人工智能在影像识别领域的应用对医生、患者、医院来说均具有正面积极的作用（表7-1）：对医生而言，影像识别技术的应用将减少其阅片工作量，降低误诊风险，提升工作效率；对患者而言，影像识别技术的应用将提升诊断结果的准确率；对医院而言，影像识别技术的应用能够提升整体诊疗服务水平和效率。

表 7-1　人工阅片与人工智能影像识别对比

不同点	人工阅片	人工智能影像识别
阅片方式	医师逐张读片，诊断依赖经验做出	机器初步做出筛选，医师做最后诊断
阅片时间	长	短
准确率	不同医生之间个体差异大，疲劳程度也会影响看片准确率	会完整观察每一张切片，准确率稳定
客观性	存在主观性	客观
记忆力	存在知识遗忘	不存在知识遗忘
建模条件	需要输入信息量小	需要输入信息量大
信息利用度	低	高
重复性	低	高
定量分析难度	高	低
经验传承	传承较为困难	传承基于机器学习
成本	时间成本高，经济成本高	时间成本低，经济成本低

资料来源：2019年上海交通大学人工智能研究院联合上海市卫生和健康发展研究中心、上海交通大学医学院发布的《人工智能医疗白皮书》。

2．实现风险预警

近年来国家积极推行健康中国战略，“治未病”这一概念被广泛提及。多数疾病均能被有效预防，不过发病前，因为疾病没有显著的表征，所以一般是在病症加重的条件下才被发现，从而错过了最佳治疗时机。医生虽可通过工具辅助对相关的疾病做出预测，但是因为疾病自身的多样性，人体自身的复杂性，故而预测的准确性多多少少都会受到影响。“治未病”离不开日常的健康管理。目前国内的健康管理领域还存在着很多痛点和堵点。一是目前健康管理中的智能可穿戴设备没有数据关联性，市场上大多数可穿戴设备仍停留在简单的数据提取、采集和趋势描述上，数据之间的深度关联性并未得到挖掘。这种情况下健康管理只是简单描述了身体情况，并未提供健康解决方案。二是目前从事健康管理工作的人员专业素养不足，健康管理的从业人员大多非医学教育背景出身，为客户制订科学合理的健康方案的能力不足。

拥有海量数据是医疗健康领域人工智能发展的先决条件。从技术驱动的角度看，人工智能技术与医疗健康可穿戴设备（图7-2）的结合可以通过智能设备、体检中心等平台收集的用户健康数据，经过高效的计算和精准的决策分析，达到精准化预测疾病，提早对相关疾病进行有效干预，使个性化健康管理成为可能。风险预测既包括在宏观层面上对相关公共卫生事件予以监控，也包括于微观层面上为个体健

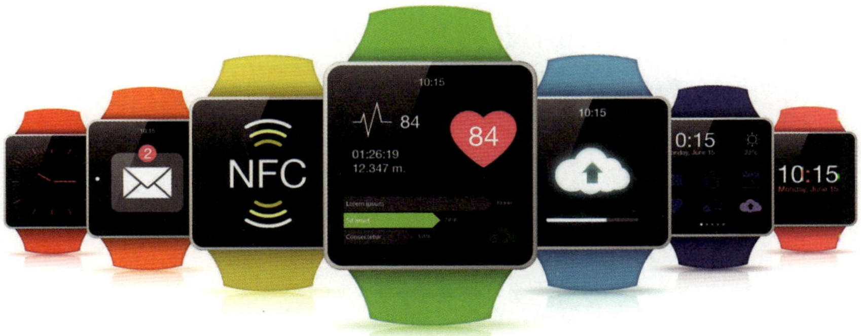

图7-2 多种多样的医疗健康可穿戴设备

康而做出的预警；实际干预时就要根据患者的具体情况提供对应的健康咨询、健康管理，乃至提供高度精准的干预方案，对数据背后所隐藏的科学逻辑进行探究，查找生命的奥秘。

3. 支持药物研发

借助传统手段研发药物，有赖于大量的、诸多的模拟测试，不但周期长，而且成本极高。根据美国塔弗茨大学药物研发中心的报告，每款新药的研发平均耗时大约为10年，投入的成本更是达到了大约26亿美元，在如此漫长的周期和高昂的成本面前，药物研发的最终结果也不一定就是光明的，也就是说药物研发失败的可能性还是很高的。现在，业界开始尝试借助人工智能进行虚拟筛选，将人工智能引入到靶点发现和药物筛选等多个节点，以此对药物筛选的速度、成效予以提升。另外，在深度学习以及数据深度挖掘的基础上，对庞大的数据信息进行挖掘，予以分析，进而确定候选药物，使研发成本、研发时间大幅减少。

此外，在不良药物事件预测上，人工智能能够整合个体患者的数据，借助算法建模，评估患者所处的风险，有效预测不良药物事件。

4. 辅助外科手术

智能手术机器人作为新型的外科手术平台，引入了计算机这种辅助工具，借助空间导航控制系统，把机器人、外科医师以及影像辅助诊疗系统三个方面紧密结合在一起。和传统手术不同，引入手术机器人后，外科医生无须站在手术台前操刀，对外科手术而言是一种突破性的革新。现在，在全球范围内的微创外科手术系统中，最先进的是达·芬奇机器人，它的视野已经达到了三维高清化、器械能够转腕、动作控制能够直觉化，将其广泛运用于微创外科手术领域，成效显著。传统手术不但出血量大，而且具有较高的输血性传染风险，和传统手术相比，机器人的微创手术出血则很少。此外，手术机器人能让定位的精准度得到充分的保证，将误差控制在1毫米以内，手术如果对于切口的精度要求极高的话，手术机器人的实用性就极高。

二、医疗领域人工智能发展状况及典型案例

1. 人工智能医学影像

Global Market Insight发布的一份报告揭示出：发展到目前，在人工智能医疗领域，医学影像市场为第二大市场，年增速预计超过40%，预计截至2024年，市场规模会达25亿美元。在我国，医学影像是最热门的领域之一，表现为投资总金额最高、投资轮次最多、赛道公司最多、应用最为成熟。

目前，从事医学影像研发的公司主要分为三类：第一类是财力充裕的互联网科技巨头公司，如IBM、谷歌、微软、阿里巴巴、腾讯等；第二类是设备型公司，如国外的通用电气、飞利浦、西门子等；

第三类是技术型公司，如依图科技、图玛深维、汇医慧影等。技术型公司对市场需求的捕捉和反应非常灵活。以成立于2015年的图玛深维为例，2017年推出σ-Discover系列深度学习诊断系统，通过大数据与深度学习技术，探索解决现阶段完全依靠医生经验和人工处理的医疗瓶颈问题。目前该产品主要应用于肺结核检测。

2．人工智能辅助诊断

人工智能辅助诊断（Clinical Decision Support System，CDSS）一般由三个步骤组成，分别是理解病症、对医学证据进行评定、进行治疗方案的选择（图7-3）。人工智能辅助诊断借助认知计算、机器学习、自然语言的处理和自动推理以及信息检索等相关技术，对病症予以全面地获取，对诊断能力进行模拟，为诊断疾病、治疗方案的选择和制订提供辅助帮助。对智能辅助诊断系统进行探索的过程中，不同厂商选择了不同切入角度，根据自己的能力建设路径展开相关的研究。例如，部分科技企业所选择的切入点为认知计算能力，通过医疗知识图谱的建设开发出可以循证推理的诊疗助手。再比如，某些大数据企业选择的切入点是数据管理质量的提升，通过结构化处理临床积累下来的病例数据，构建起大数据平台以及专病库，将人工智能辅助诊断的基础能力予以夯实。传统医院信息系统（Hospital Information System，HIS）厂商（如东软和卫宁等）借助为医院提供电子病例服务，积累了全科病例数据，在此基础之上，选择合理用药作为切入点，设计出类似于诊断的功能系统。再看医学出版行业，它经由转

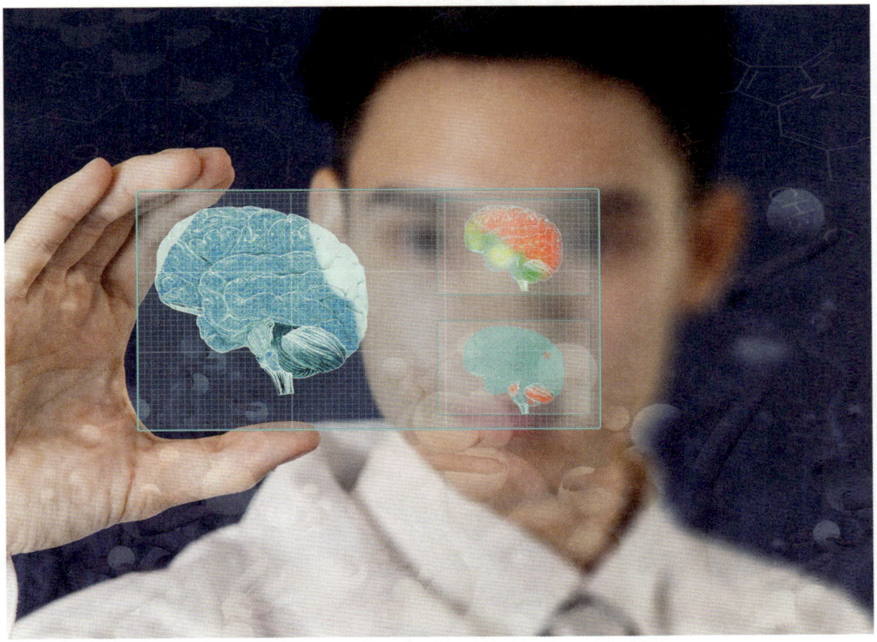

图7-3　建立在电子病历基础上的人工智能辅助诊断

型，将知识服务提供给医院。相比于传统出版行业来讲，新的出版单位对出版资源做了数字化和结构化处理，并在此基础上搭建起对应的知识库，通过对接人工智能辅助诊断产品，将知识查询、提示等服务提供给用户。另外，知识的结构化对构建人工智能辅助诊断知识图谱来讲，也奠定了良好的数据基础。

3．手术机器人

按照使用领域和使用功能的不同，全球机器人联合会将医用机器人划分为手术、康复、辅助以及服务机器人4种不同的类型。据国际机器人联合会（IFR）数据，2018年全球医疗机器人的市场规模为136亿美元，预计到2021年将会达207亿美元。

首先是手术机器人，这类机器人操作起来动作极为精细，不但患者出血量少，而且手术伤口小。另外耗时也比较短，能够增加医生视野，减少医生手部颤动带来的风险；减少参加手术的医护人员，降低成本。其次是康复机器人，其有助于让精神系统在功能上得到更为有效的重组和代偿以及再生，可以对肌肉、关节萎缩等病症予以良好的缓解，能对医护资源予以有效优化。接下来是辅助机器人，这类机器人具备一定的感知能力，它会在对感知信息进行处理后，将信息反馈给用户，对患者在医护方面的需求予以更好地满足。最后是服务机器人，这类机器人含医用运输、消毒杀菌等类别的机器人，通过使用这类机器人，医护人员的沉重负担可以减轻，工作效率也会因此提升。

4．人工智能药物研发

在药物研发过程中，人工智能的应用主要有三个环节，具体为靶点筛选、药物挖掘和药物优化。在靶点筛选环节，医务人员借助人工智能，可从海量文献（含临床试验所得以及专利产品，还有研究成果）中进行数据的挖掘，从生化层面进行预测，找到并确立新靶点，还可通过交叉研究与市面上所曝光的上万个靶点进行匹配，找到新靶点。以虚拟筛选为例，通过计算机对实体筛选过程进行高度的模拟，构建起对应的药效模型，并和已有的数据做好匹配，再借助分子模拟对小分子结合靶标的能力进行计算，使靶点筛选的成功率和速度得到提升，同步降低成本。和靶点筛选相比，药物挖掘领域人工智能的应用成熟度更高。人工智能在药物优化环节的应用，经由监控千万级的分子，对分子的各种特性（如活性、毒性和不良反应）等进行预测，实现挑选以及开发候选化合物的目的，并能达到对分子缺陷的快速改进。

另外，在预测药物晶型领域，人工智能可将分子药物对应的全部可能晶型都挖掘出来，应用价值极大。经由对细胞图像数据进行分析，人工智能还可在表型筛选领域发挥自己的作用和价值。人工智能企业（如Atomwise、晶泰科技等）借助和大型药企、药物研究组织的合作，加速研发相关的药物（图7-4）。

以英国初创公司Benevolent人工智能为例，该公司开发的产品

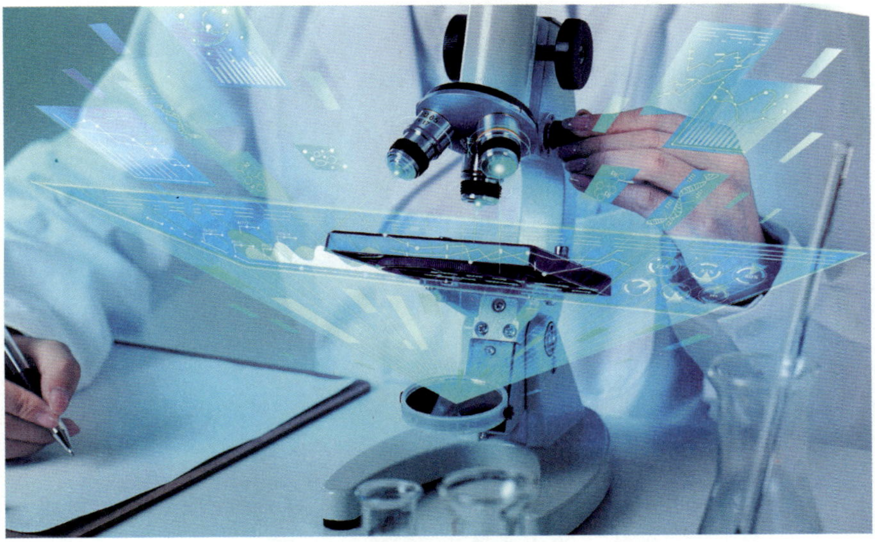

图7-4 人工智能技术辅助药物研发

名称为提升判断认知系统（Judgment Augmented Cognition System，JACS）平台，它通过对庞大数据的集成和深入挖掘，协助药物研发工作的进行，使调制机制尽可能正确、靶点筛选尽可能合适。Benevolent人工智能已和多家药企展开合作，2019年4月和阿斯利康签订长期合作协议，引入机器学习技术针对慢性肾病、特发性肺纤维化疾病探索新疗法。通过将基因组学、临床数据以及化学理论知识和人工智能靶标平台进行紧密的结合，对复杂疾病的演化机制进行深入的研究，快速锁定药物靶点。辉瑞与晶泰科技、药明康德与Insilico Medicine在新药研发领域展开了深度、广泛的合作。

三、挑战与风险并存

科学技术的两面性是永恒存在的：每一种变革性技术的出现，在给人类社会带来收益的同时，也会造成一些意想不到的后果。尽管人工智能技术在医疗行业的应用已经取得了很多进展，但是其中也蕴含了许多挑战与风险，在人工智能技术发展的道路上，需要正视并采取相应措施来回应挑战并降低风险。

1. 技术应用领域的挑战与风险

虽然人工智能的产品形态以及算法都比较成熟，但是监管领域仍然面临诸多困难，这导致在人工智能产品走向商业化的过程中，具体的落地模式仍存在疑问。从监管层面看，人工智能技术应用面临的瓶颈主要可以归纳为：人工智能产品和传统计算机辅助系统之间存在极大差异，前者不但有着较强的自学习能力，而且可以快速地迭代，推理过程并不透明，如果应用于医疗领域，必须开发有效的检验系统来明确其是否能产生一致的、稳健的、可靠的结论。

而在医学辅助诊断方面，人工智能技术与临床需求的契合仍然存在很多阻碍。IBM Watson艰难落地的案例告诉我们：人工智能辅助诊断若想迈过横亘于象牙塔与业务间的巨大鸿沟，在临床实践方面需要获得大量的真实数据和更为精细的线索佐证。基层医疗机构与三级医院存在差异极大的临床诊疗痛点，故而在产品的功能模块上存在不同需求。另外，辅助对象（护士和其他医疗技术人员等）、应用场景（手术前后病历撰写的过程以及医嘱开具的前后等）同样对系统的具体功能模块提出了不同的需求。

人工智能引入药物发掘领域面临的问题主要可以归纳为缺乏充分的、高质量的数据支撑。多数数据要么是从实验中来，要么是前人研究的结果，从整体上看数据量较小，很难予以结构化处理，还会对筛选结果产生极大的影响。此外，人工智能企业在医药知识、药物设计的具体逻辑层面上能力有限，所以在药物发掘领域引入人工智能依然面临较大的挑战。

2. 伦理道德领域的挑战与风险

除技术风险以外，人工智能技术也带来一系列新的伦理风险。医疗伦理自古以来就贯穿整个医学发展的各个阶段，人工智能作为变革性的技术，对医疗健康体系势必产生重要的影响，也可能给患者带来潜在的风险，这些风险因素主要来自算法偏见、隐私安全、医生接受度、责权和技术滥用及伦理审查缺乏六个方面。

一是算法偏见会对患者安全造成潜在风险。计算机产生的偏见几乎无处不在，偏见的原因往往不在准则中，而在更广泛的社会运行过程中，结果存在无意识的制度偏差。二是患者隐私遭泄露的风险。当前，人们对医疗人工智能应用涉及患者的隐私、自我保护和可接受性问题等暂时还没有清晰的对策。人工智能进行训练的患者数据存在着较大的泄露隐患。其中，人体基因组数据的泄露可能带来的危害尤其值得重视。三是医生对医疗人工智能应用的评价褒贬不一。很多医疗人工智能系统没有很好地结合实际工作需要，即医疗人工智能系统解决方案并未贯穿医疗全流程，部分操作反而增加了医生工作负担。此外，医生对医疗人工智能的新技术抱有各种顾虑，不自觉地表现出排斥和质疑的心理，某种程度上延缓了新技术的推广实施。四是医疗责权问题。医生对医疗人工智能系统临床应用的另一个顾虑是谁对医疗人工智能系统提供的决策最终负责，如果出现错误，谁来承担后果。当前阶段，医疗人工智能系统的最后结果仍需要人工校验审核，医生承担诊疗责任（图7-5）。未来临床广泛引入医疗人工智能系统后如何实现问责，现在仍不明确。五是医疗人工智能滥用导致过度医疗的潜在风险。医疗人工智能在特定领域特别是影像识别上已经高于人类识别平均水平，而且具有较高的效率，但作为工具在临床上也有滥用的风险，从而导致过度医疗。六是医疗伦理审查缺乏。现在，医院在医疗人工智能的实际应用过程中还未有相应的伦理审查机制。虽然有医院参照药物临床试验对医疗人工智能引入进行伦理审查，但很难做到完全适用。

图7-5 医疗人工智能的人工校验审核

四、医疗领域人工智能社会治理实践与研究的意义

人工智能的发展具有很强的溢出带动作用，其对法律、隐私、伦理、社会治理等方面可能带来的风险尤其需要关注。医疗领域的很多技术创新走在了治理规范的前面，但是治理能力必须及时跟上创新的步伐，如此人们才能够充分享受技术发展为医疗领域带来的便利。

如前文所述，用社会实践来探索技术对社会发展带来的影响，是一种十分高效的途径。在医疗领域开展人工智能社会治理实践与研究有以下重要意义：一是推动医疗领域人工智能技术走向新阶段。人工智能技术正在以前所未见的速度应用于医疗领域，对医患双方的心理和医学技术都造成不可测量的改变，只有充分研究了人工智能医疗技术的社会性影响，才能够应对人工智能在医疗领域医患心理、法律、文化等方面造成的新挑战。二是利用科学循证性方法研究人工智能技术在医疗领域的影响。人工智能在医疗领域的影响研究集成了多学科研究方法，构建出人工智能医疗技术—社会整体研究系统模型，形成兼顾理论与实践的研究路径。三是建设有人文温度的智能社会。医疗服务事关人民生命安全，是社会建设的基石。人工智能医疗领域的社会影响研究，能够完善和强化人工智能发展与医疗工作的相互作用关系，可对人工智能的良性发展予以引导和约束，对其滥用及时予以规避，解决科技发展带来的社会不公平、社会鸿沟加大等问题。

1．推动数据安全与医疗伦理的规范治理

随着人工智能技术的不断进步，医学人工智能应用的伦理研究以及人工智能医疗器械注册等相关法律、法规研究重要性也与日俱增。社会实践的选题可以是法律法规方面的，也可以是伦理道德方面的，还可以是战略政策方面的等，社会实践可较为系统地评估智能临床服务诊疗对社会的作用与影响，结合实践对智能临床服务诊疗社会效益的发挥及潜在风险的防范提出策略与措施，以推动数据安全与医疗伦理的规范治理。

英国已经开始了医疗领域的社会治理尝试。英国国家医疗服务体系（National Health Service，NHS）于2019年为其数字医疗体系部门拨付2.5亿英镑（约22.7亿人民币）的资金，新建了一个医疗人工智能实验室。英国国家医疗服务体系表示该人工智能实验室将致力于汇集学术界、专家学者和科技公司，一起应对未来医疗健康领域的种种挑战。除了要在预防领域为社会提供最好的方案与资源，它的核心任务还有提高现阶段英国已有的数字医疗体系的数据安全性，保障患者个人隐私。英国国家医疗服务体系首席医疗科学官西蒙·克斯（Simon Eccles）表示实验室正在联合学术研究机构，在数据安全和使用伦理问题上开展探索。由此可见，以英国为代表的部分国家已经使用实践的方式在医疗领域开展相关研究，其中数据安全和使用伦理是重点关注的领域之一。

2. 提升公众就医体验及医疗质量

当前人工智能在临床的应用还只是起步阶段，未来人工智能在临床辅助诊疗方面的应用将会越来越广泛。但人工智能究竟能够起到什么样的作用？诊疗效率能带来多大提升？给医生能够带来什么样的便捷？这些问题仍需要进一步深入研究。社会实践可以在小范围内进行探索，从而更为精准地评估人工智能技术所能带来的社会效应。

例如，英国选择在伦敦最大的一家医院进行研究，在肾脏相关疾病的临床住院患者中使用人工智能技术去发现潜在的肾脏损伤。结果显示与过去相比，需要血液透析或重症监护室（ICU）的患者数量显著下降。将人工智能技术运用于肾病早期，发现相关的并发症，对于提升患者的整体生存质量而言，意义极为重大。局部的实践证明了人工智能技术的有效性，为人工智能技术更大规模地创造社会效益提供了有效论据。此外，人工智能技术在医疗领域的应用中，如何证实技术的临床有效又能保证它带来实际的社会效益也是社会实践尝试解决的问题之一。英国国家医疗服务体系官员认为，可以通过分层的试点选择了解不同人群的需求，通过细化收益证明有哪些人工智能技术能够帮到患者。英国的这些尝试说明实践在提升公众就医体验及医疗质量方面，可以做出非常实际的贡献，为人工智能技术的普及应用带来推动作用。

3. 增强公共卫生领域抵抗重大风险的能力

在公共卫生领域，人工智能技术的应用不但能够提升公共卫生水平，而且能够提高抵抗突发重大风险的能力。但在人工智能技术支持下的公共卫生领域（如疾控）的抗风险系统是否存在漏洞，是否会带来设计之外的副作用，仍需通过实践来回答。

抗击新冠肺炎疫情是对公共卫生领域人工智能、大数据等技术水平和实际应用能力的一次集中考验，也造就了一次规模空前的人工智能实践。这个史无前例的考验压缩了时空，激发了需求，使我们更早更全面地体验了数据和算法的巨大重构作用。智能经济、智能社会提前在这个特殊时间点进行了培育和验证。在疫情监测、病毒溯源以及资源调配等相关领域引入人工智能以及大数据分析方法，从超级算力助力病毒溯源和药物研制到算法读片辅助病情诊断，从大数据分析预测人流趋势到无人机喊话监督防护，从健康码精准管理到政务业务“全程网办”“数字清关”，人工智能第一次在人类突发重大公共卫生事件中短时间内被全社会接受并得到应用推广。这一场浩大的社会实践促使各界进一步思考人类与人工智能技术的关系，如确诊病例信息的公示范围、对个人信息的收集应用边界等问题都引起了广泛的讨论。这些结果能够有效促进人工智能技术的普惠性应用，在增强公共卫生领域抗风险能力的同时降低或避免人工智能技术带来的弊端。

4. 深入挖掘并满足公众医疗需求

医疗机器人将大幅提升医疗服务的效率和效果，但人工智能技术从实验室走向临床并不容易，需要做到以医疗健康或临床痛点需求为导向，按照真实的需求规划战略与技术方向。社会实践能够评估机器人辅助手术和医疗器械研发等场景的应用效果，明确医用机器人在实际应用中的责任主体、规范及伦理等标准，探索人工智能基本防控的最佳应用场景，为医用机器人更好、更快地引入及合理使用提供参考和借鉴，也为公众医疗需求的深入挖掘与人工智能技术的精准匹配提供契机。

2019年，美敦力中国基金与百度风投联合举办医疗机器人大赛，实质上这就是一场从用户端出发的社会实践，借此对医疗机器人的优秀项目、优秀人才进行扶持、予以发掘，让医疗机器人以更快的速度投入到应用转化的过程中去，更精细化地满足我国患者的需求。

8

第八章

交通——天下熙熙　线上攘攘

自20世纪末以来，现代科技日新月异，社会经济快速发展，城市化进程不断推进，机动车保有量持续增加，从而引发了交通事故增加、交通秩序混乱、生态环境破坏等一系列全球性问题。在此背景下，涵盖道路、交通工具、出行信息等在内的综合性系统，即智能交通系统诞生。它的诞生方便人们进行现代交通运输管理。最近几年，交通领域和人工智能技术深度融合，大数据、物联网、云计算等新一代信息技术在交通领域的作用日益凸显，极大地推动了交通运输管理的自动化、现代化转型，在技术层面上为交通优化管理、智慧出行、高效服务等奠定了基础：一方面改善了交通运输效率，提升社会经济的运行效率；另一方面为人民群众创造了更加安全、更加高效、更加绿色的出行环境，提升了人民群众的满意度，开启了智慧交通时代。

然而，在人工智能赋能交通治理的同时，也暴露了其作为新型技术在应用上的一些缺陷与不足，比如机器识别的稳定性与安全性、投入与产出的经济性问题等。更加引人注目的是，人工智能技术的应用对交通系统的行业生态、治理体系带来新的挑战，也使隐私安全、法律伦理问题凸显。如何在享受人工智能给交通治理带来便利的同时有效规避风险是摆在人类社会面前的新难题。在交通领域实施人工智能社会研究或可成为继续深化交通治理的有效途径，这一章节抛砖引玉，提出了智能交通系统研究示范、技术治理实验、场景化测试、城市交通仿真系统等不同方式的社会研究，希望人们在实践和探索中总结错漏、推广经验，为智慧交通的发展保驾护航。

一、人工智能在交通领域的应用现状

相关数据显示，国内机动车保有量在2019年6月已经超过3.4亿辆；目前，机动车保有量在100万辆以上的城市多达66个，在300万辆以上的城市达到11个，例如北京、成都等。如此巨大的机动车保有量与有限的道路和停车资源之间的矛盾严重影响了居民的出行体验。虽然各地都在增加交通道路等基础设施建设，但年增加率近10%的私家车消费量及有限的土地资源很难真正解决居民出行难的问题。事实上，除了机动车保有量增加与道路资源有限等因素之外，道路资源利用率低、交通组织管理方式不完善也是影响居民出行体验的重要因素。人工智能技术以近似人类的智能方式去组织管理交通要素，有望极大地提高道路资源利用率，缓解当前居民出行难的问题。

1. 人工智能赋能智慧道路

道路是交通行为的重要组成部分。近年来，人工智能技术已经应用于道路的各个部分，包括车道设置、交通信号灯控制、交通态势感知等。

（1）**可变车道** 左转弯车道车辆在早晚高峰阶段会出现拥堵现象，而右转弯车道则畅通无阻。针对这种情况，部分驾驶员会先占据右转弯车道到达路口，再变道插队进入左转弯车道，显而易见，这种违法变道行为存在很大的安全隐患。而在平峰时期，车流大多集中在直行道上，两边转弯车道上车流量很少。这种潮汐交通流现象是造成早晚高峰拥堵的主要原因，该现象充分反映了道路资源利用率不高的问题，而车道设置不科学是导致这一问题更深层次的原因。

引入人工智能技术实现车道动态设置是缓解上述现象的重要途径。在人工智能技术加持下，结合历史以及实时数据，实现快速预测，在拥堵现象出现前通过设置智能可变车道进行自动变道，从而保证交通运行的通畅性，在解决道路交叉口变化快、车流量大等问题方面具有重要意义。可变车道自适应翻转功能系统从2016年开始在上海投入使用，交管部门首先在地段埋设感应设备来获取车辆的排队长度，如果左转弯车辆排队长度达到一定程度后，标识直行的可变车道会转变成左转弯，这种方式极大地降低了左转弯车道通行压力，使整体通行效率提升了约20%。

（2）**自适应交通信号灯** 造成道路拥堵、道路资源利用率低的另一个原因是交通信号灯设置不合理。一旦某一方向车流量过大，车辆没有在有限时间内通过路口，另一方向车流在绿灯亮起后汇入交叉口必定造成路口"打结"，形成严重拥堵。交警的到来可以让原本"打结"的路口快速通畅。交警高效的指挥能力来源于自身对道路车流信息的掌握与预判。在人工智能技术的帮助下，交通信号灯也可以像交警一样具有分析决策能力，形成能够自动调节交通信号灯绿信比的自适应交通信号灯控制系统。它通过视频检测仪——智慧眼检测路口车流量状况，并将数据传送至系统“大脑”——智能红绿灯控制机箱，机箱根据不同车流量做出反应，再将反应信号传送至信号灯，最后信号灯根据反应信号进行变换。自适应交通信号灯控制系统针对不同状况科学变换信号灯，有利于缩短车辆在路口的等待时间，可以最大限度地防止发生拥堵。

2020年7月，江苏省苏州市高新区公安分局交警大队在苏州市妇女儿童活动中心主入口行人过街路段启用了自适应交通信号灯控制系统。该系统由行人密度及行人动态热成像检测器、行人过街预警立柱两大部分组成，是江苏省内的首次综合使用。设置在路口斑马线两端的预警立柱集成了行人闯红灯抓拍摄像机和定向扩音器。当自适应交通信号灯控制系统检测到有行人闯红灯时，摄像机会实时抓拍并在大屏幕上显示，定向扩音器会自动发出语音提示。预警立柱两侧配置的灯光带与车行交通信号灯同步，灯光带如果显示为绿色，就表示处于行人通行状态；如果显示为红色，就表示处于行人禁行状态。视听觉双向提示，进一步扩大了交通信号灯显示范围。行人过街等候区设置的热成像检测器会对多个等候区的行人进行计算。当行人过多时，交通信号灯放行时间将有效延长，确保行人安全通过。此外，热成像检测器还可以自行设置多个触发阈值，实现全天候灵活自动控制交通信号灯配时功能，有效提高行人过街的安全性及通行效率。

（3）**路况感知与预警诱导** 感知是智能化的前提。基于人工智能技术的道路交通感知系统不再只是简单的信息收集者，而是“会说话”的信息传递者。地感线圈、毫米波雷达、微波探头、摄像头、全球定位系统（GPS）等多种传感器不仅可以探知汽车本身的各种数据，也可以探测外部环境的数据，这些数据既可以在本地终端实现计算，也可以上传至云端实现多源数据融合分析，形成自主化决策的车路协同网络。行驶在具有道路交通感知系统路段上的汽车不再只是依靠驾驶员的感官判断，还可利用云端决策系统辅助驾驶员，从而有效应对道路上各种突发事件和避免恶劣天气的影响。雄安车路协同应用平台在2018年11月开始试运行，该平台利用智慧路灯等设备，结合边缘计算、感知计算等建立应用数据提供体系，为自动驾驶运行奠定了基础。未来像团雾这样的极端天气将不再是影响出行安全的因素，强大的车路协同网络能实时告诉驾驶员前方的路况信息（图8-1）。

图8-1 多种传感器实现路况感知

2．人工智能赋能智慧交通调度

人工智能的发展极大地改变了车辆和人在交通活动中的参与方式，同时给交通参与者带来了更多的便利与舒适。

（1）**实时路线推荐** 随着交通路网的不断扩展和完善，驾驶员很难像20世纪那样依靠纸质地图完成路线规划。对大多数驾驶员来说，在没有导航的情况下开车去一个陌生地方是一件非常困难的事情。人工智能技术的引入让这一问题迎刃而解：通过智能化的地图应用软件以及卫星定位技术，只要驾驶员说出目的地，导航系统自动规划生成可选的行驶路线。即使驾驶员错过了当前路口的左转弯或右转弯，导航系统也会自动根据当前位置与目的地的位置信息为驾驶员推荐新的最优路线。

（2）**出行服务与需求匹配** 除了驾驶员，人工智能技术同样给乘客带来许多便利，大大提高了居民的出行体验满意度。乘客着急用车去机场时，不再需要走到路口对过往的出租车不停招手，在人工智能技术的帮助下，乘客只需要告诉打车软件出行的目的地，后台系统自动向附近区域内提供服务的出租车广播需求。乘客还没有走到路口，他所需要的出租车就已经在路口等待了。

相比于之前的“众里寻他千百度”，以人工智能技术为基础的移动出行服务最优化匹配乘客需求与出租车服务，不仅提高了服务汽车的利用率，也大大缓解了居民出行打车难问题。根据2016年第一财经商业数据中心与滴滴出行联合发布的《知道——华北城市智能出行大数据报告》，如果采用路边扬招方式获取打车服务，那平均等待时间是11.9分钟，而通过智能出行平台叫车平均等待时间只需5.6分钟，仅在北京一地，可以为市民每天节省21.8万小时，等同于872万元。

（3）**智慧停车** 停车难是困扰百姓出行的重要问题之一。利用人工智能技术整合定位导航、停车资源信息发布、管理与收费等服务的智慧停车系统为缓解城市停车难问题提供了有效解决方案。驾驶员到达目的地后，智慧停车系统自动展示周边可用停车资源信息（包括位置、可用数量等）供驾驶员选择；一旦驾驶员选定目标停车场，该系统自带的路线规划功能会生成最优到达路线；进入停车场时，基于计算机视觉技术的车牌识别系统自动记录车辆信息并同时开启计费；离开时，车牌识别系统自动搜索车辆进入时间并生成缴费信息；无感支付实现快速缴费。

无感支付停车场最近几年在北京、上海、广州、深圳等一线城市迅速普及，而这正是人工智能技术依托于停车行业开展的一场无人化管理变革。2017年6月，支付宝整合ETCP智慧停车系统，以上海虹桥机场停车场为试点，首次推出了无感支付停车场。2018年，云鑫创投出资数亿元投资顺易通。无感支付停车市场开始全面展开。在此之后，微信支付以深圳宝安机场为试点，推出了微信无感支付停车。支付宝、微信、银联以及各大商业银行在短时间内开始进军无感支付停车市场，通过和智慧停车企业深度合作，提升自身的市场占有率。随着停车市场和人工智能技术的深度融合，传统无人问津的停车市场也迅速成为新兴市场。

“车牌付”是目前无感支付采取的主要形式，通过将车牌和支付宝、微信或者其他线上资金账户绑定，人工智能摄像头在汽车通过收费站时可以对车牌号进行识别，并自动将费用从相应账户扣除，整个过程实现自动化、数据化，而无须现金交易，也不需要进行扫码等操作。相对于传统模式，停车场在无感支付技术的支撑下逐渐实现了不停车通行，整个过程在2秒内即可完成，汽车通行效率的提升幅度在80%以上。随着无感支付技术的成熟，其高效性和便捷性也备受各方资本、停车场管理者、车主以及支付企业等关注。数据显示，目前全国数十个城市的停车场已经普及无感支付技术，采用无感支付技术的停车场数量预估在10000个以上，市场规模不断扩展，涵盖了大部分一、二线城市。整体而言，停车场业务在大数据和人工智能技术等新一代信息技术的支持下呈现出新的形态，以支付模式为切入点，实现了整个市场的转型升级。

（4）**共享汽车、共享单车**　顺风车是移动出行的典型形式之一。它通过人工智能技术（路线优化与匹配算法）将乘客的出行需求与车主本身的目的地进行智能匹配与路线推荐。当路线匹配程度满足车主需求时，车主让渡部分空间及时间给乘客，而乘客与车主共同承担车辆使用成本。在人工智能技术以及后台服务器强大的计算能力支持下，顺风车平台能够快速实现车主与乘客之间的推荐排序，为乘客与车主搭建合作共享平台。根据国外经验测算，顺风车的普及提升了汽车的使用效率，车辆需求的日减少量为20%～25%。以北京为例，如果采用这种模式，其油耗量可以减少464万吨，每年油耗量可减少17万吨以上，一氧化碳等有害气体的排放量可减少3万吨以上。

除了移动出行，共享单车在很大程度上解决了最后一公里的出行问题，为人民群众的短途出行提供极大便利，并以其绿色、环保、高效、经济、便捷等优势日益普及，在城市交通系统中的地位不断提升、作用不断增强。在共享单车系统中，车锁是其中的智能化载体，具有远程开锁、数据通信、车辆定位、电源管理等诸多功能和优势。共享单车的使用者在客户端注册并登录后获取共享单车的使用权，平台将车辆位置信息实时传输到客户端，帮助用户找到最近的车辆。用户通过输入编号或者扫码等方式开锁，然后开始骑行，在骑行完毕后将共享单车放于指定位置，并根据用时来支付费用。这种结合人工智能技术与交通需求的随借随还单车分时租赁方式具有廉价性和灵活性等特点，提升了人们出行的便捷程度（图8-2）。

图8-2　普惠便捷的共享单车

3．人工智能赋能智慧交通工具

随着技术的发展，人工智能已经不只是人类各种交通活动的协助者，它更可以像人一样作为智能主体参与交通活动，比如用于物流配送的无人机、机器人及自动驾驶汽车。

（1）**用于物流配送的无人机、机器人** 无人机配送（图8-3）是最近几年物流配送领域业务开展的新趋势，即利用无线电遥控设备、程序控制设备以及无人机装置等进行低空运送，并将货物自动送达目的地。这种配送方式具有多种优势：其一大幅减少了人工费用；其二大幅提升了配送效率；其三有利于解决偏远地区物流配送问题。近年来，物流行

图8-3 用于物流配送的无人机

业和无人机行业都实现长足发展，两者的智能化水平也不断提升，两个行业的深度融合产生无人机物流这一新兴市场，扩展了低空飞行装置的应用领域。

饿了么、京东、阿里巴巴等知名电商企业在无人配送物流产业投入大量资金。例如，京东在2018年推出了“超影1000C”配送机器人，在2020年新冠肺炎疫情中，行深智能配合京东在成都武侯电商产业功能区和贵阳市观山湖区观山小区为市民提供了无接触送货服务。未来，无人配送物流领域的发展既依赖创业公司在技术和落地场景方面的推动升级，也依赖大平台公司牵动对该行业的潜在需求。

（2）**自动驾驶汽车**　自动驾驶汽车可以说是当前人工智能技术综合应用的最典型代表，自动驾驶汽车整合了雷达、人工智能、监控装置、全球定位等现代化技术，可以实现没有人类参与的自动驾驶。根据自动化程度的不同，有从无自动到完全自动几个级别，在完全自动化的自动驾驶汽车中，人类完全成为乘客。

自动驾驶技术是当前各大汽车企业的重点发展方向。百度和一汽在2019年联合推出红旗纯电动汽车，并成功获得北京市自动驾驶道路测试牌照。此外，2019年国内智能网联汽车（武汉）测试示范区正式投入运行，多个企业获得全球首批自动驾驶车辆商用牌照。百度在2019年选择长沙等试点，开始试运营Apollo Robotaxi，这标志着自动驾驶出租车队开始进入新的发展阶段。2012年，谷歌便推出首个自动驾驶汽车，并获得美国路测许可证。2014年，谷歌发布其自动驾驶汽车的原型车，并于2017年进入市场销售，自此自动驾驶汽车市场正式进入新的时代。具备L3级的自动驾驶系统Autopilot特斯拉汽车2020年

6月的销量就达15000台。

二、人工智能时代交通领域面临的问题与挑战

随着人工智能技术在移动/共享出行、自动驾驶、城市道路交通信号优化控制和交通规划等领域的应用，居民出行难、出行贵问题得到了一定程度的缓解。然而，就在人们越来越多地享受技术带来的便利的同时，许多问题也在人工智能交通领域的应用中暴露出来。

1. 机器识别的稳定性与可靠性

需要强调的是，即便人工智能技术已经实现突破式发展，并在各个领域得到广泛应用，但本身的稳定性与可靠性仍然有待进一步提高。近年来由于驾驶员过度依赖导航而引发的交通事故屡见报端：江苏太仓女子在汽车导航的引导下驶入没有人烟的荒地，并陷于水沟当中，只能报警处理，而警察在搜寻很长时间之后最终通过微信定位才发现出事车辆。2017年1月，来自江苏的一名游客驾车携家人在山东泰安旅游，被车载导航引导至山顶，由于积雪、山路狭窄等问题而难以掉头，最后只能向警察求助才获救。

人工智能技术稳定性与可靠性不佳引发的事故在很多情况下是难以弥补的重大损失。例如，特斯拉Model 3在2018年、2019年连续发生追尾和撞车事故，导致重大的人员伤亡。调查后发现，这些事故发

生的原因竟然是自动驾驶系统在特定情况下可能无法识别物体，特别是在时速过高或者变道等情况下，对物体的识别能力大幅下降。

2. 智慧交通的投入产出比

感知是智慧交通的前提，因此建设智慧交通必定涉及视频传感器、毫米波雷达等先进传感设备的巨大投入。除此之外，建设智慧交通还涉及对原有的基础路网进行升级改造、设备的运行维护及基础通信网络建设等多个方面，投资巨大。在智慧城市体系中，智慧交通是必不可少的组成部分，具有重要的地位和作用。前瞻产业研究院在其发布的《2020—2025年中国智慧交通行业发展前景与投资预测分析报告》中披露，我国在智慧交通技术领域的财政支出在2019年高达432亿元，预计在2024年可达到840亿元。面对如此巨大的投入，经济欠发达地区可能无法承受，不得不采用政府借债或担保方式，造成地方政府财政危机。2015年，江苏省的一批工程承包商以5.68亿元中标了宁夏永宁县的一项道路改建工程，由于地方政府财政吃紧，交通局以政府担保的方式要求承包商垫资开建。然而，当这条双向四车道设施完备的道路建完时，地方政府却拿不出钱。这样的现象不仅严重损害了政府形象，还对地方财政安全造成了冲击。

3. 隐私安全、信任安全与伦理

除了技术本身的安全性问题之外，新技术的应用还带来了许多新的伦理问题，它们不仅可能泄露个人隐私，而且可能带来安全隐患。实名化注册的叫车平台保留了详细的用户信息，这些信息一旦被泄露，不法分子就可利用大数据技术获取用户的精细画像，为诈骗、敲诈等违法行为提供精准信息。2016年国际移动出行公司优步（Uber）被黑客盗取了5700万条用户数据，其中有超过17.4万名美国加州驾驶员的数据遭到泄露，泄露的信息包括驾驶员的名字、驾驶证号码等。优步没有根据法律要求通知驾驶员，而是掩盖违规行为，并和黑客进行资金交易，获取黑客删除的数据，而且没有将相关情况提交给主管部门或者告知客户。

虽然顺风车具有显而易见的优点，如不用花钱买票，不用耗时排队，节能减排，有助于减少路面交通压力，但其中的安全问题却不容忽视。早期的顺风车运营平台具有运营与社交的双重属性。从运营这个属性看，顺风车车主发单产生价格，乘客上车支付车费；从社交属性看，车主自主选择接单后可以了解双方头像、职业等个人信息。这样的双重属性使得用户进入平台门槛偏低，大量不熟悉路、驾驶水平差、个人素质不高的人员充斥顺风车市场，与乘客所要求的速度、服务和安全产生了较大差距，甚至出现了多起顺风车车主杀人案。浙江省乐清市在2018年8月24日13时发生重大刑事案件，赵某通过滴滴顺风车前往永嘉为同学庆生，然而顺风车车主并没有按导航路线走，而是在淡溪镇杨林线山路对赵某抢劫、强奸，并残忍地杀害了赵某，在抛尸后逃离现场。在案件发生后，顺风车引发的社会安全问题被广泛讨论，也得到相关部门的高度重视。新技术所引发的新问题必将会引发更多思考和讨论。

4. 行业生态的改变与行业治理体制的挑战

人工智能赋能行业升级变革的时代下，一大批新现象、新应用冲击着原有的社会治理方式与管理制度。以共享单车为例，面对“从站台到目的地最后一公里”的巨大社会需求，共享单车在短时间内快速发展，城市街边停满了不同品牌、不同颜色、不同型号的单车。随之而来的乱停乱放现象，一方面对交通秩序造成干扰，另一方面破坏了城市形象。此外，部分共享单车经营企业为扩展市场份额，过度投放共享单车，严重超出市场需求；而且共享单车盈利模式孱弱，不少共享单车企业无法继续运行，大量共享单车无人管理和使用，多地出现了共享单车“坟墓”（图8-4），造成社会资源的大量浪费。

图8-4 共享单车“坟墓”

三、人工智能社会研究为智慧交通护航

人工智能技术在交通领域里的应用展现了广阔的前景也带来了前

所未有的新问题，在交通领域实施人工智能社会研究或可成为深化交通治理的有效途径，希望大家在实践和探索中总结错漏、推广经验，为智慧交通的长远发展保驾护航。

1. 智能交通系统研究示范

各个产业领域特点不同，展开人工智能产业应用的路径也大相径庭，但是试点示范建设路径成为各领域不约而同的选择。从智能交通系统开始，我国科技部门就积极推进研究示范工作。

由科技部牵头，多部委联合在2001年启动了“中国智能交通系统体系框架研究”的相关论证工作，为交通管理系统的发展指明了具体方向，并于2002年批复了“智能交通系统关键技术开发和示范工程”，在10个试点城市开始智能交通系统的应用。在试点城市交通运输体系的建设过程中，城市交通智能管控成为重中之重。我国在试点城市建设的基础上，构建了交通智能管控体系，并成功应用到2008年的北京奥运会，由此我国的城市交通智能管控系统也进入新的发展阶段，发展速度和技术水平快速提升。此后的国家重点研发项目都涉及交通智能管控领域的相关课题，并根据城市的不同层级以及不同类型进行针对性开发，启动了大批重大科研示范项目，为实现我国交通管理体系的现代化转型奠定了基础，为提升交通管理系统的智能化和信息化提供了技术保障。[1]

[1] 王长君，李瑞敏. 城市交通智能管控20年发展反思［J］. 城市交通，2020，18（5）: 1-7.

阿里云在2017年正式推出了“城市大脑1.0”，这一平台可以建立自动识别机制，并借助信号灯终端、互联网系统实现智能化管理，极大提升了城市管理决策的自动化水平。通过在杭州萧山区等试点运行该系统，发现整个地区的通行效率大幅提升了11%。在城市大脑的助力下，杭州交通运行效率得到极大改善，其交通拥堵程度大幅下降。试点应用的成功大大促进了智慧交通的发展，在这之后，阿里云ET城市大脑先后在11个城市落地，包括吉隆坡等国外城市。

2．信息安全与技术治理研究

随着交通系统智能化推进，网络信息安全态势越来越严峻，目前国内外的智能交通系统网络安全事件时有发生，攻击手段层出不穷，数据泄露、网络攻击、恶意代码植入、勒索病毒非法加密、漏洞被非法利用、大屏被非法侵入等是目前智能交通的主要安全隐患。因此，信息安全与技术治理是智慧交通社会治理工作必不可少的一项，应至少包括以下4个方面内容：[1]

（1）**安全通信网络防护**　对交通网络架构需进行合理分区分域设计，进行合理带宽测算，进行合理的设备部署。将核心硬件、设备以及线路进行双机部署，从而提升系统的稳定性、有效性和可用性。还需进行网络审计，部署网络审计类系统对网络中的数据包进行分析、

[1] 石凤，马艳艳．基于智能交通工程的网络安全技术防护研究［J］．网络安全技术与应用，2020（3）：126-127．

匹配、统计，并对网络运行状态进行实时监测，记录相关数据和信息，掌握具体的网络安全事件，发挥信息还原等技术优势，优化和完善网络审计功能。在通信传输方面，需保障数据完整性、保密性。通信网络边界的数据、执法终端的数据传输等场景通过使用SSL/TLS、L2TP、GRE、IPSec等协议技术推动数据加密等工作，最大限度地确保数据完整性、不可篡改性、不可抵赖性。

（2）**安全区域边界防护** 从纵向分析，智能交通工程安全需求主要包括前端摄像机、诱导屏等后台的准入防护以及总队、支队、大队之间的互联防护。

从横向分析，交通专网与其他专网的信息交互包括数据的单向传输、数据的双向传输、视频的单向传输，交互网络对象包括电子政务网、互联网、公安网、政府部门专用网、社会企事业专用网等专网，容易遭受非法访问、拒绝服务攻击、ARP（地理解析协议）攻击等。

针对上述隐患可采取以下解决方式：鉴于不同网络使用主体的安全要求不同，在进行数据传输或者视频传输的过程中，可考虑依据公安部相关规范进行设计。相关规范主要有《公共安全视频监控资源接入、共享及管理技术要求（征求意见稿）》等，在此不做赘述。

（3）**安全计算环境防护** 交通专网内终端、系统、应用、数据等存在网络安全隐患，均需进行针对性安全防护。针对上述隐患可采取以下方式解决：①针对终端，部署终端安全类设备，对终端的设备、系统状态等进行统一监控，能够提供全网统一检测、病毒查杀、系统加固等功能。②针对系统，部署漏洞扫描类设备，定期对交通专网内的操作系统、安全设备、网络设备等进行漏洞扫描。③针对应用，部署Web应用类防护设备，对黑客常用的攻击进行深层次检测和安全防护。④针对数据：部署数据库审计类设备，实现对非法操作的准确溯源；部署数据防泄露类设备；部署数据库加密类设备，保障数据库安全性；部署备份一体机进行数据备份。⑤其他：部署身份认证类设备，实现对用户身份的识别；部署未知威胁检测类设备，实现对未知威胁的全面检测和分析。

（4）**安全管理中心** 交通专网有必要整合并汇总各个设备、各个网络上的分散审计数据，并在此基础上对其进行集中分析和集中管理，针对存在的问题加强补丁升级，制订科学有效的安全策略，同时提升交通专网对风险的识别能力，及时关注并了解各类安全事件的状态，以便进行及时报警。针对此隐患可采取以下方式解决：①部署运维审计；②部署日志审计；③部署安全态势感知系统，实现准确安全监测、实时态势感知、及时应急处置等目标，提升交通专网安全风险预知能力，加强整体网络安全性。

3．产品功能的场景化测试

为了确保产品的安全性，对于人工智能产品功能测试，尤其是应用于智慧交通的产品，需要走出实验室，走进实际应用场景中。

交通拥堵辅助系统（TJA）就是典型的场景化测试的功能产品。近两年，基于自适应巡航控制系统（ACC），选择交通拥堵辅助系统的车型日益增加，市场占比也不断提升，与全速自适应巡航控制系统提供车辆纵向控制相比，交通拥堵辅助系统同时还提供车道内的车辆横向控制，以便将车辆保持在预定的路线上，在一定程度上减轻驾驶员的负担。

交通拥堵辅助作为部分自动驾驶功能之一，借助传感器终端的数据结合，可以对本车道以及周边车道的交通信息进行有效识别和掌握，从而判断实时状态。在低速（0～60千米/小时）交通拥堵的情况下，该功能可以发挥较大的作用，在城市快速路、城市高架路、高速公路等场景下，基本实现对车辆横向与纵向的同时控制，极大提升了路况的管理效率。此外，这一系统可以对车距以及车速进行提前设定，以实现在车道内的跟随行驶。

以搭载交通拥堵辅助系统的某车型为例，对于跟随前车加减速行驶的工况，测试该工况下交通拥堵辅助系统性能。测试中主要关注测试车辆横向控制能力、跟随过程中对前车加减速变化时的响应能力、纵向速度的控制能力等数据。根据测试得出的数据，结合驾驶员的主观感受，可以全面评价在标准工况下交通拥堵辅助系统的整体性能表现。

4. 城市道路交通仿真系统探索

自20世纪50年代开始，城市道路交通仿真技术高速发展，并随着信息技术以及交通工程技术的成熟而实现重要突破，在城市交通规划、公共交通系统设计、交通控制算法研发、交通流理论研究等各个领域发挥了重要作用，成为重要的验证工具。和西方发达国家相比，国内在城市道路交通仿真技术方面的发展时间较短，20世纪80年代之后才开始正式的研究，国外商业化的交通仿真软件开始被引入国内，在改善国内交通方面发挥了重要作用。通过数十年的优化和完善，目前中国城市道路交通控制仿真领域的研究集中在以下两个方向：[1]

（1）**离线仿真** 传统交通仿真并非专为交通控制研发，起初主要是用于城市交通规划、交通工程、交通流理论等的研究。近年来，部分微观交通仿真软件通过升级的形式增加对交通控制的支持，以采用PARAMICS、VISSIM、SUMO等为基础进行二次开发实现信号控制，例如借助COM接口技术开发的感应控制仿真平台，实现VisVAP—VISSIM—MATLAB的深度融合，开发出交通控制仿真平台，实现对感应控制和实时控制的仿真等。

传统交通仿真系统基于静态、后验证性的设计理念，一般属于离线仿真，无法应用于需要实时性演化验证的在线交通信号控制中。传统交通仿真软件如 PARAMICS、VISSIM等仿真不够真实，主要原因是参数标定、模型标定带来的误差过大且无法根本消除。虽然由于传统交通仿真软件产生时技术条件受限，无法获得实时、高质量的检测数据，仿真的真实性较弱，但它确实促进了城市交通领域研究的进步，成为交通理论研究中重要的验证工具。

（2）**在线仿真** 智能交通背景下，各种先进信息技术的引入使实时在线交通仿真成为可能。在线仿真运行机制具体指的是实际运行的交通管理系统和计算机仿真系统深度融合实现同步运行，并在计算机

[1] 张立立，王力，张玲玉．城市道路交通控制概述与展望［J］．科学技术与工程，2020，20（16）：6322-6329.

仿真系统的支持下对交通检测信息实现不间断的接收，同时可以根据具体情况对计算机仿真系统进行调整，实现道路交通情况的真实再现。之后，基于交通需求信息的合理预估，针对未来特定时间的交通动态提供相应的应对方案，提升计算机仿真系统对路况信息的应对能力，确定最具可行性的实施方案。

目前，在线仿真的研究多集中于硬件在环交通控制仿真方向。柳祖鹏等学者通过实证分析的方式论证硬件在环仿真平台的相关课题；于泉等学者对交通控制硬件在环实时一体化仿真平台进行了系统论证，并结合技术发展现状，制订相应的研究方向；余贵珍等学者以交通微观仿真软件为基础，对城市多路口交通信号控制仿真场景进行了综合规划和设计，基于此搭建硬件在环系统，有效连接了外部信号控制，构建了实时信息交互系统，搭建了有效的仿真环境；周斌利用TransModeler深度二次开发技术，构建了交通信号控制系统，基本实现了车路协同目标，搭建了开发、验证的整个闭环流程，[1]并通过仿真推演实现交通控制的预测性优化和实时在线评价。

[1] 张立立，王力，张玲玉．城市道路交通控制概述与展望［J］．科学技术与工程，2020，20（16）：6322-6329.

9

第九章

养老——人工智能还需人间温情

作为世界人口发展的主要趋势之一，人口老龄化对人类社会而言是一项巨大挑战。在未来的科技革命与产业变革中，人工智能将是其中最为关键的驱动力，其发展和应用为缓解养老压力提供了新思路，打开了新空间。[1]近年来，人工智能在不同领域中得到广泛的应用，如智能服务机器人、智能家居、智能健康管理、智能康复辅具、智慧养老平台等相关人工智能技术在养老领域的应用场景正不断丰富。但从实践来看，人工智能技术在养老领域应用过程中还面临诸多技术创新与应用问题，它对传统养老伦理带来冲击和挑战，可能引发一定程度的结构性失业，并对相关法律法规、制度建设也提出新的要求。结合社会实践，开展社会研究，能够促进人工智能养老技术创新应用与产品研发，加强伦理道德反思及风险识别，促进养老模式创新，完善相关制度与法律规范，对提高我国养老社会治理水平具有重要意义。

---

[1] 近年来，围绕新一代信息技术+养老的实践与研究逐步增多，也出现了“互联网+养老”“智慧养老”“人工智能养老”等相关学术研究和政策实践的概念。总体而言，“互联网+养老”“智慧养老”更强调模式创新，而“人工智能养老”更强调技术条件，相关的着力点有所不同，但其根本特征是通过引入物联网、云计算、大数据、人工智能等新一代信息技术，实现对传统养老模式的创新。结合本书的主题，本章主要讨论的是人工智能技术在养老领域的应用、问题及如何通过社会研究应对，一般采用“人工智能养老”的概念，但在具体应用场景中，基于对实践情况的如实反映，也部分采用“智慧养老”“智慧养老平台”等概念。

一、人工智能为破解养老问题打开新空间

面对来势汹汹的人口老龄化浪潮，我国养老社会治理面临着健康照护需求不断增加、老年人用品供给不足、养老服务人力资源短缺、老年人生活质量与自主水平不高等多方面难题与挑战。在未来的科技革命与产业变革中，人工智能将是最为关键的驱动力，其发展和应用为缓解养老压力提供了新思路，打开了新空间。

1. 提升老年人生活质量

2019年年末，我国60岁以上人口老龄化率为18.1%，即有约2.54亿人口年龄超过60岁，[1]其中约有4000万名失能老人和1000万名失智老人。[2]在人口老龄化速度逐渐加快的背景下，高龄、空巢、失能老人不断增多，伴随的日常居家生活、健康监测管理、专业日常护理、康复训练等需求不断扩大，社会养老压力不断加大。而引入人工智能技术，打造智能家居、智能可穿戴设备、智能机器人等产品，可为老年人（尤其是失能、半失能老人和空巢老人）的日常居家生活、健康监测管理、专业日常护理和康复训练等提供便利化、实时化、专业化的服务，将大大提高其养老生活质量和健康水平。

[1] 张毅. 人口总量增速放缓，城镇化水平继续提升［EB/OL］.（2020-01-19）［2020-09-09］. http://www.ce.cn/xwzx/gnsz/gdxw/202001/19/t20200119_34154542.shtml.

[2] 郭伟莹. 5000万失能失智老人照护问题如何破解［EB/OL］.（2019-11-05）［2020-09-09］. http://finance.china.com.cn/roll/20191105/5114888.shtml.

2．提升养老产品和服务的精准化水平

目前，养老产品和服务市场存在大量的供需不匹配问题，很多产品的适老化、人性化设计不足，养老服务与老年人实际需求不匹配等问题较为突出。而随着新一代信息技术和产品的应用，在养老产品和服务领域中，数据泛在化特征表现得越来越明显，大数据技术逐渐得到更加深入的应用。老年人大数据的丰富和完善，成为人工智能深入发展的基础，通过实地采集、分析、处理各种基础性数据信息，可以充分了解老年人的实际需求，在此基础上能够更加精准地定位养老市场，以满足老年人的个性化需求。

3．缓解养老服务人力资源短缺

人口老龄化背景下，市场养老服务需求不断扩大，养老护理人员需求量也在逐渐增加。据粗略测算，2019年我国养老护理从业人员不到30万人，而养老护理人员市场需求量约为1300万人。另外，2019年民政部发布的《养老服务行业报告》显示，目前我国居家家政养老看护服务和社区日间照料的缺口率分别超过55%和70%。随着人工智能技术的不断升级和产品开发应用的不断完善，喂饭、翻身、导尿、鼻饲、换药、洗澡、康复等工作将摆脱对人力的依赖，养老服务人力资源短缺的状况将得到大大的缓解，养老年护理人员的工作负担、劳动强度也将大大降低。

4. 满足老年人精神生活需求

根据马斯洛的需求层次理论，人的一生中有五种需求，分别体现在生理、安全、情感、尊重、自我实现五个方面，呈现由低到高的层次性。当前，我国养老产品和服务供给与老年人精神生活需求之间的矛盾较为突出：一方面，长期以来我国养老服务体系重生活照料服务、轻精神心理服务的现象比较明显，老年人的精神生活需求容易被忽视；另一方面，随着经济社会发展水平的不断提升，老年人的情感交流、人际交往、文化娱乐、个人价值实现等精神生活需求也在不断增多。而基于人工智能技术的情感陪护类智能产品，可以实现语音指令、表情交互和人机互聊等功能，可在一定程度上满足老年人沟通交流、文化娱乐、个人爱好等精神生活需求，促进老年人身心健康水平。[1]

二、人工智能在养老领域的应用场景

近年来，随着人工智能等新一代信息技术与养老服务的深度融合，相关应用实践也日益增多，类似智能家居、智能健康管理、智能服务机器人、智能康复辅具等相关应用场景正不断丰富。

[1] 睢党臣，曹献雨．人工智能养老的内涵、现状与实现路径［J］．新疆师范大学学报（哲学社会科学版）．2019，40（2）：111-119.

1. 以智能家居打造没有围墙的养老院

智能家居就是全面借助住宅这个平台，将各种先进技术，如人工智能、综合布线、音视频、网络通信、自动控制、安全防范等多种技术，与居民生活相关的各种设施进行深度融合，从而建设更加完备的设施，促进家庭事务的高效管理，构建出适宜性更强的养老场景。其不但能保证老年人生活的舒适性、安全性，同时还充分展示出它的艺术性，并实现环保节能的居住环境。[1]

在智能家居领域中，人工智能技术的深入应用具体如下：第一，交互方式发生了变化，为老年人带来全新的体验。像动作识别、语音识别、语音理解等的应用，使得人们和智能家居系统之间的交互变得更加轻松，并且具有灵活多样的特点。随着人工智能技术的不断发展和应用，家庭服务机器人将成为智能家居最终的交互载体。第二，人工智能算法得到进一步发展，如机器学习、深度学习等的应用，使人工智能可以充分认识和全面了解人们的生活环境，进而形成自适应能力，以家庭管家的身份存在，照顾好人们的日常生活。基于智能家居的养老产品和服务，主要应用在居家养老场景，机构养老、社区养老等也有所应用，其主要是利用智能家居环境，便利老年人平时的生活，动态监测老年人的健康状况，危急时采取紧急救助措施，另外还提供相关的文化娱乐等便捷服务，让老年人拥有更高质量的晚年生活（图9−1）。

[1] 向忠宏. 智能家居新定义：加入人工智能与场景［EB/OL］.（2018−07−19）［2020−08−20］. http://smarthome.qianjia.com/html/2018-07/19_298807.html.

案例1

阿里试点——天猫精灵养老院

为了满足老年人的现实需求，阿里以天猫精灵作为系统接入口，制订了一整套覆盖安防监护、生活辅助、娱乐养老和体验升级等方面的智能化养老解决方案。位于北京南六环外的北京普乐园爱心养老院便是由阿里提供人工智能技术支持的试点智能养老院。

该养老院共入住180个老年人，其中超过80岁的老年人约占70%。另外，只有不到总人数10%的老年人有自理能力。养老院中设有智联网养老样板间，内部摆设了多种多样的智能设备，每一样都是为老年人精心设计的，并具有妙用。

智能灯泡：具有智能化的照明功能，定时设置灯泡开启、关闭，起夜时灯光自动亮起。

智能开关：控制智能灯泡的开关，并能有效控制现场情景。

环境监测：动态监测室内气温变化情况，能够自动开关空调并调节室温，保持室内处于最为适宜的温度。

智能网关：具有智能信息存储、处理功能，并能实现自动联动。

万能遥控器：通过遥控器操作电视、空调等设备，长距离控制开关。

动态感应器：对老年人的日常行为进行实时监测，发出相应的信号提醒，并具有自动联动功能。

门窗感应器：对门窗的开关时间进行监控，非正常开启发出报警信号。

远程呼叫按键：设置紧急呼叫按钮，当情况危急时可以实现一键求救。

无线高清摄像头：动态监控老年的活动、语音等情况。

控制这些智能设备的是阿里提供的天猫精灵，它能够对灯具、空调、窗帘、电视等进行远程控制，为老年人的生活提供更多的便利，老年人不必从床上下来亲自动手，通过语音就可以实现开关控制。

（本案例内容根据网络资料整理。）

图9-1 终端操控的智能家居系统

2．以智能健康监测推进主动式健康管理

在人工智能技术的支持下，通过可穿戴智能健康监测的相关设备，人们能够以极低的功耗连续采集关于运动量、热量、体温、血糖、心率、睡眠、血压等关乎身体状况的多种信息。在此基础上，人工智能技术可为人们提供常态化、精细化的健康指导，为特定群体提供包含配餐调节、运动调节、生活方式调节、心理干预、用药提醒等全方位、全周期的健康服务。人工智能等新一代信息技术的引入，突破了传统健康管理在时间、空间、人力等方面的限制，能够赋能用户的自我健康管理与疾病预防，也让传统健康管理变得更加主动，展现了智能化的广阔天地。

智能健康管理不仅可以对老年人进行健康教育、生理监测、生活方式矫正等，而且能够做出科学的心理评估。而健康信息的互联互通，有助于老年人预防疾病的产生，及时发现慢性病并有效治愈，同时还能够进一步增强社会的健康意识，促进老年人形成健康的生活方式，从而有效改善其生活质量（图9-2）。此外，全社会健康水平，尤其是老年人健康水平的提升，有助于节约社会整体医疗费用。

案例2

部分智能健康监测产品类型

健康管理腕表：该类设备对人们运动及心率、睡眠等身体状况信息进行连续监测，结合数据挖掘技术、模式识别算法等，能够实

现健康预警、运动指导等功能，协助人们完成健康管理。

智能血压仪、体脂秤：该类设备帮助人们在家实现对血压、体脂、体重等健康指标的高频次记录及趋势分析，结合人工智能技术，能够给出科学的健康改善建议。

智能床垫：该设备能够对老年人身体状况及离床情况进行24小时监测，并通过人工智能技术在发现异常时及时报警。

（本案例内容根据网络资料整理。）

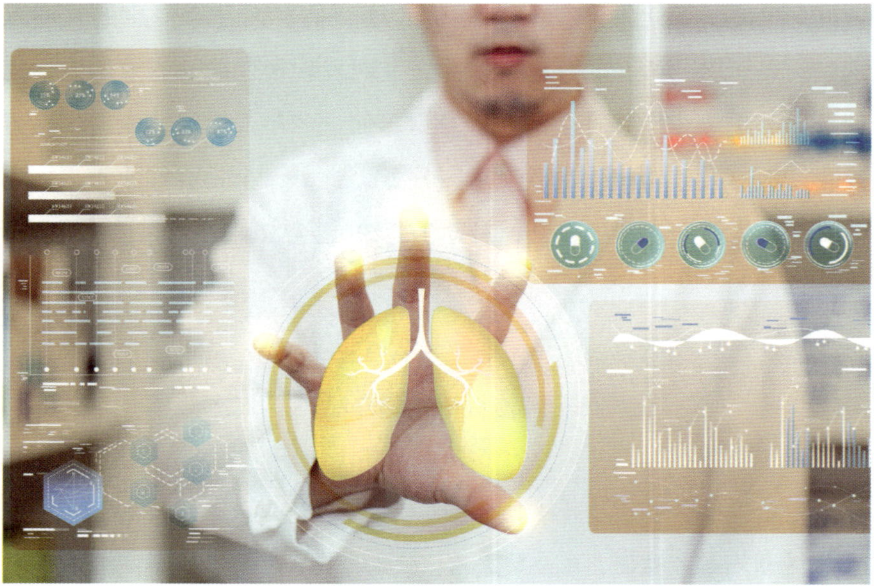

图9-2 基于健康监测数据形成的健康管理

3．以智能养老服务机器人缓解养老服务压力

相比于养老服务人员，智能养老服务机器人具有耐用性强、费用较低等特点，在不久的将来，家庭中会慢慢出现智能养老服务机器人的身影。从实践来看，管家机器人、陪伴机器人及护理机器人的普及应用，可为老年人提供诸如辅助进餐、辅助洗澡、辅助穿衣、辅助排泄等服务，并能够在一定程度上缓解老年人的孤独感。

一方面，智能养老服务机器人的应用可以大大缓解养老服务压力，减少对家庭养老护理人员的需求，减轻养老护理人员的劳动强度；另一方面，智能养老服务机器人提供的各类情感陪护，对促进老年人身心健康具有积极意义。

案例3

部分日本智能服务机器人示例

（1）智能玩具　松下所设立的真心香里园养老院，在内部餐厅中摆设了一个名叫“好奇”玩具熊。其身高约40厘米，外观可爱，功能丰富，深受该养老院中老年人的喜爱。这款玩具熊拥有超过2000个词组，能说出至少360句不同的语句，会唱多种日本童谣。另外，它还能出谜语和计算简单的数学题，为老年人的精神生活增添乐趣。

（2）洗发机器人　洗发机器人拥有两条机械式手臂，每条手臂拥有8根手指，在机体部分还安装了一个头盔形部件。在实际使用中，

老年人脸部朝上将头伸入该装置中后，它会自动触发扫描装置，并将扫描得出的相关信息储存在数据库中。

（3）喂饭机器人　基于人工智能的应用，日本研制出第一款喂饭机器人，被命名为“My Spoon”。当老年人通过控制杆发出指令后，这款机器人便可用叉子叉起食物，然后喂到老年人的嘴边；如果是软性食物，它就会使用勺子。当老年人吃完食物后，它会及时收回叉子，以免使老年人受到伤害。在它的帮助下，动作不便的老年人能够得到很好的照顾。

（4）情感陪护机器人　日本疗愈机器人 Paro 是一款情感陪护机器人，身高约 55 厘米，重量仅为 2.5 千克，与新生婴儿大小相当，有着小海豹一样的外形，看起来同绒毛玩具很相似。它身上装有很多感应器，具有触觉、视觉、听觉等多种感知功能，在白天、晚上会呈现出不同的活力状态，还可以记忆、模仿多种人类动作。对于失智症患者来说，Paro 能够在一定程度上唤醒他们曾经的记忆，如养育孩子、喂养宠物等方面，甚至对一些有语言障碍的病人也会产生一定的积极效果。

（本案例内容根据网络资料整理。）

4．以智能康复辅具提升老年人康复水平

随着人工智能等技术在康复器械领域的普及，康复机器人也逐渐应用到不同的分支领域中，为解决患者的康复问题贡献力量。

以康复机器人为例，人工智能技术可以促进康复设备的升级，使康复机器人具有智能性，更加人性化，促进人机之间的交互，帮助患者进行康复锻炼，实现精准力控的目标。现阶段，在语言、骨关节、视力和听力等多种不同康复领域中，康复机器人发挥了积极的作用，将来它还有可能应用到心肺康复、神经康复及老年人阿尔茨海默病的辅助诊断和辅助治疗等领域（图9-3）。

案例4

康复机器人

研制康复机器人的目的是通过康复机器人简化传统“一对一”的复杂治疗过程，以此来代替或辅助康复治疗师。

目前，多自由度的牵引式/悬挂式康复机器人是众多康复机构配备的主要类型，但近年来在此基础上技术升级的可穿戴康复机器人即外骨骼机器人应用广泛。它将移动计算、传感、融合、控制、信息等多种不同技术进行融合，通过可穿戴的方式达到康复治疗的效果。尤其是在疗养、康复领域，外骨骼机器人具有更好的发展空间，可以有效地辅助治疗具有行动障碍的患者，也能够对自闭症类群、多动症等患者进行干预治疗，未来还将在孤独老人陪护、推迟阿尔茨海默病的发生等方面发挥独特的作用。

现有的康复机器人，按照针对躯体的部位可分为上肢机器人和下肢机器人；按照其自身具有的功能，可分为康复训练型和辅助行走型两种。

康复训练型机器人有以下几大知名品牌：奥地利 SCHEPP、瑞士 Hocoma、美国 Woodway 等。辅助行走型机器人主要有以下知名品牌：新西兰 Rex Bionics、日本 Cyberdyne、美国 EKSO、以色列 Rewalk 等。

（本案例内容根据网络资料整理。）

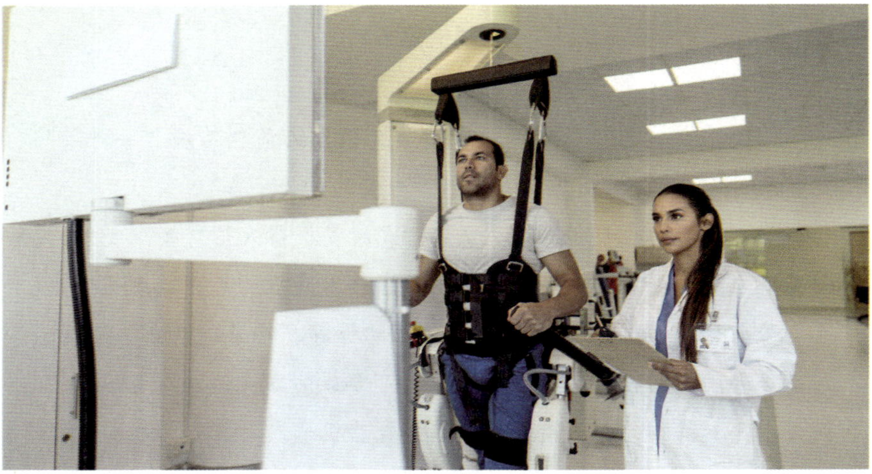

图9-3 康复机器人

5．以智能应用场景需求加快提升智能化养老能力

2019年以来，为推进智慧养老产业发展，进一步增强广大老年人的获得感和满足感，上海市民政局从应用场景出发，整合老年人、养

老服务机构和街镇社区等多方面的需求，对外发布了12个智慧养老应用场景需求，旨在以应用场景为导向、以老年人需求为中心，引导政府和社会各界资源投入导向，加速提升养老服务能力。

根据上海的做法，智慧养老的应用场景可以分为四类：一是直接服务型（C端）。针对老年人安全照护和健康养老等需求，在居家、社区和机构等场所，通过智能产品和技术的运用，直接提升老年人起居活动安全性和自主生活能力的智慧养老场景和案例。二是机构赋能型（B端）。在养老服务机构和养老服务组织中运用物联网、人工智能、大数据、机器人等技术和智能产品，大幅度提升养老服务质量，解放机构人力、物力的智慧养老场景和案例。三是公共平台型（G端）。面向老年人和广大市民，提供信息公开、供需对接、便捷服务等功能的智慧养老信息平台；面向政府公共服务和智能监管的各类信息平台。四是综合运用型。依托综合为老服务中心等枢纽服务设施和服务网络，构建面向整个社区、整个街镇的智慧养老服务体系，实现智慧养老在居家、社区、机构养老服务中的全面运用，精准把握老年人的实际需求，为其提供个性化服务。

案例5

部分典型应用场景需求

场景1：认知障碍老年人防走失场景

提出一种方便易用、老年人接受度高、成本低、定位准确、后台支持成本低的防走失解决方案。

①居家场景：主要针对轻度认知障碍老年人，解决老年人出门后忘记回家或忘记家庭地址问题。主要解决定位设备充电和设置麻烦，以及老年人不愿意佩戴等问题。

②机构场景：主要针对中度和重度认知障碍老年人，解决老年人抗拒佩戴设备、故意损坏设备的问题。

场景2：老年人卧床护理场景

提供智能化多功能护理床解决方案，要求护理床具备二便处理、辅助翻身、体位调整、生命体征监测及报警、预防褥疮等功能，购买价格适中，年综合成本较低（支持租赁服务）。

场景3：机构智能查房场景

提出能保障老年人夜间看护安全、降低各类突发事件风险、弥补护理人员夜间巡查人力不足的智能查房解决方案。通过应用智能床垫、人体雷达、生命体征监测设备等，实时收集并传输和分析各种状态数据，可供夜间值班人员大范围监控养老服务机构房间及入住老年人状态。该方案能实现老年人跌倒、生病、人员冲突、违反安全规定等多场景监控，同时需重点解决状态数据采集准确性、老年人居室隐私保护、智能报警等问题。

场景4：老年人智能相伴场景

在老年人日常生活的居家、社区、机构等各种场所和养老服务场景中，应用各类智能化、信息化手段，为老年人提供触手可及、便捷易用的养老信息资源服务和智能陪伴，提高老年人的生活质量，丰富老年人的社会参与活动。例如，综合为老服务中心、日间照护机构等社区养老场所利用电视机、音频设备、触摸屏、机器人等智能化、信息化设备，为老年人提供视频、图像、音频等智能互动服务，让老年人便捷获取养老服务信息和智能陪伴服务。

场景 5：机构智能视频监控场景

提供基于视频压缩技术的低成本智能视频监控方案，能以较低的成本实现养老服务机构内部多个摄像头数据的实时采集、传输、存储、分析（例如，单个摄像头每年数据采集、存储、传输等综合费用控制在百元左右），市、区民政部门可实时查看，在疫情发生等特殊时段可具备人员是否佩戴口罩、人员进出监测、疑似病例接触人员分析等智能检测功能。同时，老年人家属可通过应用程序等方式查看老年人用餐、活动等生活状态。[1]

三、人工智能在养老领域应用面临的问题和挑战

通过相关应用场景及案例，我们可以看到人工智能技术已经在养老领域有了许多有效的应用。但是，人工智能在养老领域应用总体处于初级阶段，还存在一定的问题，面临着挑战。

---

[1] 上海市民政局. 上海市智慧养老应用场景需求清单（2020年版）[EB/OL].（2020-04-27）[2020-08-29]. http://www.shlnb.cn/gb/shmzj/node4/node10/n2756/u1ai48062.html.

1．技术应用与创新问题待破解

在技术创新方面，由于养老领域不是一个数据密集型的领域，与金融、医疗行业相比，不是一个线性活动流程，其标准化程度低、数据数量和质量不高，在当前以机器学习为主流算法的人工智能技术发展过程中，养老尤其是养老服务领域的大数据缺失，将限制其技术创新。同时，虽然各种智能养老产品逐步出现，但适用于养老的人工智能产品和技术还较为缺乏，现有人工智能终端产品还存在质量可靠性不高、人机交互融合程度低等问题。

2．对传统养老伦理带来冲击和挑战

在当前人工智能技术发展框架下，只有在保证优质数据集的前提下，才能推动养老智能化的快速发展，而此部分涉及养老服务数据，导致个人隐私安全面临一定挑战。同时，传统算法是人类制定规则，并符合人类的价值观。而当今的人工智能已经从完全执行人类指令发展到可以从海量数据中汲取历史经验，自动生成判断，并输出结果。这一结果可能符合某种逻辑，但是并不一定符合人类的价值观。所以，人工智能自诞生以来就一直伴随着一系列的道德与伦理之争。[1]在养老智能化的背景下，亲情缺失是否会进一步扩大、子女不孝是否会

[1] 千家网．人工智能技术发展的三大难题［EB/OL］.（2018-06-08）［2020-09-08］. http://www.qianjia.com/html/2018-06/08_294937.html.

以此来掩盖等情况，我们应尽早发现、及早预防，并采取有效措施解决问题。

3．引发就业结构性变化

人工智能可以在诸多重复性劳动、基础护理服务和情感陪伴上替代人工，从而造成相关行业的就业机会不断变少。虽然家政市场有着较大的人才供应量，但养老专业护理人员却非常缺乏。在人工智能技术的快速发展下，它的生产成本不断减少，应用领域逐渐增多，单纯照顾老年人基本生活的人员目前处于供大于求的情形，一些相关的高技能性工作便在此推动下产生了，从而引发养老服务市场结构性失业与新兴领域人才需求不足的结构性失衡状况。

4．对相关法律法规、制度建设提出新的要求

当前，国家关于人工智能在养老领域应用的法律法规、政策、标准等制度尚不能与现实发展形势有效匹配。虽然国家出台了一系列关于“新一代信息技术+养老”（如互联网+养老、智慧养老）的政策，但还没有与人工智能在养老领域应用相匹配的法律保障机制，也没有公开、透明、规范的信息技术获取体系。近年各级政府从融资支持的角度出台了一些政策措施，但是从信息标准规范的角度出台的文件不多。我国涉及养老行业的标准主要是基于目前传统养老服务模式下，关于养老服务机构、养老服务流程、养老运营、养老服务质量评估以

及养老护理人员的培训等内容的。近几年来，虽然人工智能在养老行业得到一定的发展，但其实践和运营仍不规范，相关法律法规并不健全，行业监督力度需要进一步加大。

四、以社会研究推动和完善人工智能养老

以社会研究的视角，探寻新兴技术给社会发展的影响，是提升社会治理水平的重要方式和路径之一。面对人工智能在养老领域应用所面临的问题，开展人工智能养老相关社会研究，可以通过较小范围内的实践来观察、探讨人工智能技术应用的相关影响，还可以通过外部条件的调整来评价相关政策、举措的效果等。

1．促进技术创新应用与产品研发

针对人工智能在养老领域应用所面临的数据缺乏、产品适用性不足等技术和产品问题，我们可以通过开展人工智能相关的社会实践和社会研究活动，推动人工智能养老相关厂商主体、老年人群体和专业研究机构等多主体的互动和协同，推动人工智能在养老领域的产品协同开发创新。

开展社会研究可丰富养老数据采集手段，提升数据数量和质量。结合近年来已经开展的智慧居家养老、智慧社区养老、智慧养老院、智能康复等一批人工智能养老应用场景，在遵守参与者知情同意和相

关伦理规范的前提下，建立产品投放、行为观测、数据采集等研究条件，可以建立高质量的养老数据集，为相关需求发现、技术应用和产品开发奠定良好的现实条件。

选取现有人工智能终端产品和技术，尤其是在健康监测、康复辅具等领域进行社会研究，可形成既有产品测评和反馈，推动产品质量提升和研发创新。一方面，我们可通过使用、测试、用户调查反馈的方式，评测当前产品、技术、平台的可靠性、安全性、适老性，发掘老年人对基于人工智能的养老产品或其功能的新型需求，提出产品、技术、服务改进方向；另一方面，我们可以针对养老领域需求，提出未来人工智能养老产品和技术需求，反向回馈技术改进。

2．加强伦理道德反思及风险识别

人工智能养老相关的社会研究，可以创造条件让我们充分讨论人工智能养老带来的伦理挑战以及应对方法。结合我们正在面临或者预期可能面临的伦理挑战，我们必须进行深入的思考。

（1）**科技应用必须坚持“以人为中心”** 坚持“以人为中心”，就是坚持科技应用的需求导向，就是坚持养老服务中老年人的主体地位。发展人工智能技术，推进人工智能养老创新应用的目的，必须是为公众提供更多个性化、多元化、高品质的服务。例如，在视听、物理等具有辅助功能的智能设备应用下，老年人活动范围将得到进一步扩大；建立情感陪护助手、社交服务等手机平台，有利于满足老年人的社交需求。

（2）**保持人工智能养老的亲情温度** 人工智能在养老领域的应用，带来老年人和人工智能之间的关系问题：一方面可能导致老年人越来越依赖机器，并使机器产生一定的情感，甚至产生类人的依赖；另一方面老年人也可能对机器产生对抗。[1]这两个方面均让我们反思，人工智能养老的本质还是服务，技术替代不了人间的温情。对人工智能本身来说，不是以牺牲亲情为代价的，而是以提高养老质量为目的的，同传统养老相比，子女对老人的关爱更应有过之而无不及。

（3）**防范数据安全风险** 人工智能模型的有效性是建立在大量数据的训练基础上的。然而，养老领域的数字化转型尚在起步，基础数据积累将逐步增多。面对各个厂商不断积累的数据，我国法律尚没有对健康养老数据给出明确的权属界定，健康养老数据的所有权、使用权不清晰，容易出现法律风险。此外，随着用户群体数据被采集，其中的隐私数据也会随之增加，导致用户隐私数据泄露风险指数增加，这在一定程度上使用户产生担忧。

（4）**防范技术风险** 机器学习算法主要是基于概率统计理论，因此任何模型的准确率均不可能达到100%。这对涉及人类健康及生活的行业而言无疑是具有风险的。同时，一旦人工智能模型判断失误，出现健康事故，其责任也尚没有清晰的界定。此外，在未来大量的人机协同场景中，机器运行的安全性也将直接影响到用户的人身安全。

---

[1] 一部名为《不速之客》（*Uninvited Guests*）的微电影反映了老人与人工智能的对抗性，影片中老人的子女购买了相关智能产品来监测居家养老的父亲的日常起居及健康状况，但是面对智能产品不断的“善意”监测与提醒，父亲变得不耐烦并将这些产品置之不理，智能产品却不断向子女打“小报告”，于是父亲想出了各种办法来应付这些智能产品。

3. 促进养老模式创新

人工智能养老相关社会实践和研究的开展可以对老年人实际需求进行分析，预测未来人工智能条件下养老需求的变化，提出人工智能条件下有效降低养老服务成本、提高养老服务成效的新模式和服务内容，以及人工智能条件下养老模式及服务内容的最佳组合，促进个人、家庭、社区、养老服务机构进行充分的衔接、合作，进一步优化养老资源配置结构，提高养老服务水平和老年人的幸福感。

（1）**建立从宏观到微观的社会研究场景及导向**　一是以区域养老治理为导向的宏观场景。从政策实施和产业引导层面探索人工智能条件下智慧监管、评估、预警的决策辅助支撑工具。二是以智慧社区、智慧机构为导向的中观场景。依托人工智能技术，联动区域内街道、社区的养老服务机构，有效平衡供求关系，最大限度地发挥养老服务机构辐射社区、居家养老的作用。三是以智慧家庭为导向的微观场景。立足绝大多数老年人选择居家养老的国情，通过人工智能技术为家庭照顾者链接外部支持，构建为家庭照顾者提供经济、技能、心理、服务、就业支持等功能的微观场景。

（2）**总结探索人工智能养老的典型模式**　我们应让人工智能有效应用于养老领域，促进二者之间的深度融合，充分借鉴成功经验，以建立的创新高地为标杆带动养老行业的发展，制定完善的标准规范保证养老行业的健康运行。从多个维度进行考虑，推动人工智能养老一体化的发展，不仅是考虑经济效益，更重要的是促进社会效益的提高。

4．完善相关制度与法律规范

从社会治理角度来看，如何促进政府、市场、社会组织、家庭、老年人等不同主体，通过平等的合作、对话、协商、沟通等方式，实现公共利益最大化，完善相关制度与法律规范，将是社会研究的重要目标。

（1）**最大限度地避免相关者利益受损**　在人工智能养老的全面实施下，首先，一些低技能人员的就业机会在不断变少，结构性失业现象会变得更加突出；其次，也会因此而带来更多新兴领域的诞生，提供相关的新岗位。要想有效应对因人工智能养老而带来的巨大挑战，加大人力资本投资是最为有效的手段。我们应在教育培养上投入更多的精力，缩短投资、收益二者的时间间隔，不断提高自身的综合素质，使自己尽快满足行业要求，抓住相应的发展机遇。

（2）**加快完善人工智能养老相关规范、制度和法律**　我们可以从相关参与方在人工智能养老社会实践中的反应和形成的价值观念、主观体验、互动关系、法律风险等诸多方面获取认知：基于人工智能养老模式和内容，确定人工智能养老与老年人幸福感、服务水平之间的关系；对人工智能条件下实施养老的场景集进行推演、评估，预判场景相关的社会风险、挑战及可行性；基于传统养老价值观，提出符合伦理道德、能够有效保护个人隐私的人工智能养老领域法律框架和原则等。

10

第十章

文化——智能内容生产　柔性文化治理

近年我国文化产业发展取得显著成绩，但总体来说仍处于起步阶段，无论是规模总量还是质量效益，无论是对内满足人民需求还是对外扩大文化影响力，都还有很长的路要走。

随着人工智能技术的蓬勃发展，人工智能被广泛应用于文化产业各领域，对文化产品创意策划、生产制作、营销推广，以及新型文化产品的推出等各个环节产生了变革性的影响。然而，文化产品具有其特殊属性，它既有一般商品的属性，又有意识形态的属性，其诉诸的是人的精神世界。因此，人工智能在文化产业应用中出现的问题和风险不容忽视：对人工智能的过度依赖会影响文化产品的意识形态功能的发挥；过度使用人工智能会弱化创作者的情感感知能力与文化艺术的创造动力，进而影响文化产品的创新性，造成原创不足；人工智能还造成版权问题、信息茧房效应和数据隐私安全隐患等。[1]

[1] 李景平. 人工智能深度介入文化产业的问题及风险防范［J］. 深圳大学学报，2019（5）: 59-68.

一、人工智能在文化领域的应用现状[1]

1. 人工智能在文化产品创意和创作中的应用

随着互联网内容需求的增加和用户内容生产的兴起，各大互联网企业纷纷推出智能内容编写平台和软件。2017年百度人工智能内容发布平台“百家号”，率先尝试基于人工智能技术的写作指导功能，基于百度内容体系的核心优势，能够在内容创作者写作的过程中识别重点词语，主动提供该词语在网络上收录的信息。阿里巴巴文化娱乐集团也自主研发了一款叫作“鱼脑”的人工智能大数据平台，针对文化内容实现从需求预测、创意策划到生产制作再到经营运作等环节的智能辅助决策。金山软件加入中国智能写作产业联盟，布局素材大数据库，在智能素材推荐、智能模板匹配等技术方面已经实现应用。

（1）**新闻传播** 美国《洛杉矶时报》的写稿机器人Quakebot早在2014年就投入使用，此后美联社、纽约时报社、福布斯杂志社等国际知名新闻媒体也引进人工智能编写技术。2015年，国内媒体第一批写稿机器人应用于实际操作层面，Dreamwriter（腾讯新闻）、快笔小新（新华社）横空出世，其他媒体如第一财经、南方都市报社、今日头条也纷纷推出了人工智能采编机器设备。其中，第一财经的“DT稿王”写稿机器人撰写的稿件每篇能达5000多人次的阅读量，可以全天候高效率地工

[1] 李景平. 人工智能深度介入文化产业的问题及风险防范［J］. 深圳大学学报，2019（5）：59-68.

作，几乎在新闻事件发生的同时即能撰写稿件并进行推送。

（2）**文学艺术** 在文学方面，2013年百度应用程序推出“为你写诗”功能，使用者上传照片或键入标题就能够生成古诗。微软公司开发的人工智能写作系统微软小冰在2017年出版现代诗集《阳光失了玻璃窗》，引起了全社会的关注。人工智能写作软件和人工智能小说生成器在网络文学领域的应用已经相当普遍，国内使用比较普遍的主要包括“大作家超级自动写作软件”“玄派”“网络小说创作工具2.0”等，这些智能工具的应用使艰苦的文学创作变得轻松便捷起来。在以往独创性很强的剧本创作方面，阿里巴巴旗下的阿里影业于2015年研发出编剧机器人，凭借海量的数据资料库和复杂的智能创作系统，10分钟就能创作出一集电视剧，30分钟可创作出完整的电影剧本。在作曲方面，人工智能软件对乐曲库进行大规模的深度学习后能独立创作歌曲。例如，微软小冰能够自动生成旋律和编曲框架。人工智能还能够独立作画，谷歌DeepDream智能程序能够在对数据库中的绘画素材进行深度学习后，根据给出的元素和要求，进行画作的生产。在图形设计方面，2017年阿里巴巴推出了人工智能设计师鲁班，它在学习海量的海报素材后，平均每秒作图8000张，还能对自己生成的图像进行评估打分，保证输出最好的设计。

（3）**智能生成视频** 2013年爱奇艺开启了绿镜功能，从观众海量的观看行为数据中了解观众喜好，将最精彩的情节抽取出来自动组合成精华版视频。智能生成视频还被广泛地应用在视频新闻的剪辑中，在2018年俄罗斯足球世界杯期间，新华社自主研发的国内首个人工智能媒体平台MAGIC大显身手，在半个月的赛期内生产了近3万条世界杯短视频，占主要视频网站世界杯中文短视频总流量的69%。

2．人工智能在文化产品制作环节中的应用

（1）**文本、图片处理** 目前，人工智能技术在自然语音识别方面取得了长足进展，在文化生产中改变了文本产出方式，提高了文本生产效率，优化了文本写作方式。科大讯飞推出的“讯飞语音输入”软件能够准确识别大段的语音，帮助作者轻松写稿、写论文、写小说，还能自动添加标点符号。人工智能可以满足专业领域对图片处理的高要求。2016年，Adobe公司开发的专业技术平台AdobeSensei，为旗下Photoshop等专业修图和绘图软件赋予了智能修补画面缺陷、智能添加细节、自动上色、局部替换等新功能。

（2）**声音模拟** 人工智能也给声音模拟带来了巨大的突破。2018年7月，微软小冰的声音模拟技术更新到了第6代，在语言风格和气息的模仿方面有了进一步的完善，能够学习不同歌手的演唱风格。2018年1月，央视纪录片频道播出了大型纪录片《创新中国》，成为全世界首部由人工智能模拟人声完成配音的纪录片，解说部分模拟了已逝配音大师李易的人声，专业人士评价其配音足可以假乱真。

（3）**影像处理** 人工智能使得影像处理更加智能，影视制作更加便捷。人工智能将视频制作这一专业操作带到了大众领域中。小米8手机支持人工智能特效视频功能，一键调色、剪辑、配乐等功能给用户随手录制的小视频带来大片质感。抖音、B612咔叽等应用程序引入人工智能，为普通用户创作短视频提供了广阔的空间。

（4）**游戏开发制作**　人工智能在游戏开发制作领域中发挥着越来越大的作用（图10-1）。人工智能帮助开发者生成游戏素材，如3D人体模型、3D人脸模型、布景等画面素材，开发者只需要上传一张2D照片，人工智能就能快速自动将它转换成游戏所需要的材质，游戏中的角色声音也可以由人工智能合成。人工智能可以自行编写游戏程序，美国佐治亚理工学院研发的一个全新的人工智能系统在观看并学习游戏《超级马里奥》的视频后，掌握了游戏各元素之间的关系，编写出全新的关卡。

图10-1　人工智能技术在游戏开发制作中的应用

3．人工智能在文化产品营销环节中的应用

（1）**智能分发**　人工智能可进行内容的大规模个性化智能分发。

资讯平台、影视平台以及音乐平台都实现对所经营内容进行大规模个性化的智能分发。今日头条、一点资讯、UC、腾讯等资讯平台对该技术的应用最为广泛，通过算法对用户浏览过程中留下的数据痕迹进行实时分析，再寻找相关度高的新闻、资讯进行定向投放，实现精准推荐。腾讯平台能在1天内完成精准推荐视频2亿个、精准推荐新闻1亿条，能让每个用户接收的内容都是最符合自身需求的。在视频平台领域，根据2017年9月公布的数据，爱奇艺应用程序运用人工智能分发内容，能够为5亿用户提供个性化推荐服务。

（2）**内容的挖掘与推荐** 人工智能重视内容的挖掘与推荐。随着用户生成内容（UGC）的流行，资讯、小视频等内容的边界得到前所未有的扩展，同时也导致了内容质量的良莠不齐，于是各大内容平台十分重视对优质内容的挖掘与推荐，纷纷利用人工智能技术优化推荐过程。一点资讯利用人工智能技术与《哈佛商业评论》、岳麓书院等优质内容提供方达成跨界合作，为这些相对小众的内容精准地找到推荐对象，让优质内容在信息纷杂的时代依旧焕发出价值。搜狐新闻通过两种方式挖掘优质内容：一种是对内容发布账号进行评级考核，自动分析内容订阅数量、上榜频率、品牌口碑等；另一种是对发布内容短时间内的收藏、点击、评论情况进行分析，优先加大收藏多、点击高、评论活跃的内容的推荐范围和频率。

（3）**广告投放** 文化产品的广告投放也趋于智能化。传统文化产品都是以广撒网的方式通过媒介投放广告，精准度低，并且重复覆盖率高，投放成本较高。如今，企业通过对消费者数据的收集与分析产生消费者画像，进行跨屏跟踪，根据产品的定位实时抓取目标人群进行广告的定向投放。2012年前后，腾讯、阿里巴巴、百度三大互联网巨头依据自身的数据和用户优势首先布局广告精准投放，今日头条、微博、猫眼等平台也紧随其后。

4. 人工智能催生文化产品新形式

（1）**虚拟形象** 在人工智能各项技术的加持下，演员、歌手、主持人等明星或公众人物的虚拟形象相继出现。2018年11月11日，在浙江省乌镇举办的第五届世界互联网大会上，新华社发布了全球第一个人工智能主播，现场展示了运用搜狗人工智能核心技术“搜狗分身”中人脸关键点检测、唇语识别、语音合成等多项高科技技术的虚拟主持人邱浩，其塑造出的虚拟形象与真人几乎没有差异，只需要输入新闻文本，人工智能合成的主播就能进行播报。在2019年度的中央广播电视总台网络春晚中，偶邦公司研发的撒贝宁、朱迅、高博、龙洋等个性化人工智能形象一起登场主持节目，为观众带来全新的感官体验，成为世界首个人工智能虚拟主持人团队。

（2）**虚拟偶像** 人工智能还能塑造虚拟偶像。虚拟偶像并非以真人作为偶像，但是其运营模式与真人偶像相似，主要以歌舞形式贩卖自身的魅力获取经济收益。从2007年日本克里普敦未来传媒公司推出的“初音未来”大获成功来看，虚拟偶像市场初具规模。中文语境下的虚拟偶像有数十位，比较著名的洛天依、零、涂山苏苏等已经不仅局限于二次元领域，还通过3D全息投影技术形成的3D形象登上电视综艺节目，让虚拟偶像被更多的人认识和接受。

二、人工智能在文化领域应用的影响

1．对文化产品意识形态功能的影响

文化产品不同于物质产品和一般的服务产品，它不仅有娱乐功能，能带来可观的经济效益，还具有广泛的教育功能和审美功能。早在春秋时期，孔子就提出“寓教于乐”的思想。魏晋时期，曹丕提出文学是“盖文章经国之大业，不朽之盛事”的观点。文化产品的这些功能到现在仍然发挥着重要作用。文化产品保存和表达不同时代、地域、国家、民族的生活场景、情感经历和民间故事，具有历史和文化的积淀性，具有鲜明的时代性、传承性、民族性和意识形态性，是提高人的审美水平、精神境界和人文素养的重要保障。

人工智能虽然在文化产业各环节得到变革性应用，但在网络文学及其衍生品领域已经凸显出意识形态问题。如果为单纯追求产出量、点击量和收视率而过度依赖智能软件，不重视思想内容的凝练，无视文化产品对人类精神文明的影响，任其进一步泛滥，势必造成文化产品意识形态功能陷入混乱。

2．对创作者创造力和创新性的影响

基于数据驱动的人工智能工作原理和过程是：输入大数据—人工神经网络特征提取器—总结对象的特征—把特征放进一个池子里整合—全连接神经网络—输出最终结论。大数据终究离不开人类已有的

认知成果，机器的运转和输出再复杂和丰富也只是技术层面的优化，而人类对文化艺术的创造是基于情感的表达和诉诸，与科学的理性逻辑思维大相径庭。因此，在原创性文化艺术产品领域，作品追求和推崇的还应该是对生命体验和情感的极致表达和独树一帜的风格，而这些是仅依赖人工智能技术解决不了的。例如，前两年由网络小说大火而带动的IP产业链，如今开始降温，原因正是真正优质的原创网络小说的匮乏。在算法资讯平台上，鲜有鞭辟入里的报道，推送到用户眼前的大多是旧闻或者夸张式的标题。而在音乐方面，坚持艺术独创性追求的原创音乐工作者群体性崛起，使中国乐坛活跃异常。他们的坚持证明：只有把握时代脉搏，忠实于生命体验，追求情感的极致表达，才能创作出震撼人心的优秀作品。

人工智能在资讯、网络文学、影视剧等文化生产领域的广泛应用，在提高生产能力和效率的同时，暴露近来行业发展的痼疾，如原创不足、深度不够、创作质量下滑、创新积极性不高等问题，如不加大力度整改防范和正确引导，势必造成创作者不深入生活、不进行深刻的生命体验，导致创作者的创作能力下滑和文化产品源头枯竭。

3．对文化产品知识产权的影响

人工智能生产文化产品的过程，就是机器根据生产者输入的要素或模式，在庞大的资料库中总结并提取各种资料元素进行新的组合或延展的过程。其产生的问题在于这个巨大的数据库通常无法区分哪些数据是有版权保护的，哪些是公共数据，数据库的组建者难以有效保障版权数据的权益，确保使用主体不侵权。目前的人工智能生产与推送显然无法有效解决上述问题，这不仅侵害了版权者的利益，还造成平台和生产者热衷利用原有数据不断地重复制作，鲜少有人会深入采访、挖掘一手资料进行内容的原始创作。

人工智能在学习大量素材后会独立写稿、作诗、作画、谱曲写歌，这种人工智能创作物的出现是人类社会发展历程中具有开创性的事物，打破人们对艺术创作固有的认知，但也引发人们对人工智能创作物著作权的争议。微软小冰独立创作的诗集《阳光失了玻璃窗》一经发表就出现电子盗版，还有许多网友引用该诗集中的段落，形成通常意义上的侵权，但是在《中华人民共和国著作权法》中并没有关于人工智能创作物的任何条文，没有规定谁拥有、放弃人工智能创作物版权的主体资格。

人工智能的搜索引擎、算法推荐和智能生产极易造成大面积侵权行为，如果这方面没有明确的法律法规、条文规定和有效的防范措施，就会给文化产业带来原创不足、秩序混乱的风险，放大人工智能技术的负面影响。

4. 对文化产品内容质量的影响

智能算法推荐在媒体平台中的应用增强了用户黏性，能为每个用户提供自己想看的新闻、文章，但是如果这种方式被过度运用便会产生负面影响，无论是国外媒体平台Facebook还是国内一些个性化资讯推荐平台，都因过度依赖智能算法产生了问题。国内某个性化资讯推荐平台凭借智能算法推荐，在短短的几年内，客户端月活跃用户数量轻松超过百度新闻、网易新闻等互联网媒体。该平台在实现了内容的大规模个性化分发的同时，也导致自身多次因内容低俗、涉及不雅信息、标题党问题突出等被政府部门责令整改。随后人民网于2017年9月连发文章三评智能算法推荐，使用智能算法推荐的媒体平台被推到风口浪尖，信息茧房效应凸显出来。智能算法推荐能识别哪些文章更受欢迎，却不能判断文章的质量，加之人性天然存在猎奇、窥私等特点，导致有价值的新闻、知识、深度文章被边缘化，低俗、媚俗的信息却大范围快速传播，降低了用户的审美水平、文化素养，进一步导致更多别有用心的内容生产者和广告商生产大量的低俗内容。

自媒体和智能算法推荐造成的信息茧房效应已经在一定程度上带来了负面影响，对社会成员特别是青少年产生不良影响。如果不积极预防和有效遏制，就会带来舆论混乱和精神文化产品格调低下的风险。

5. 对个人数据隐私和安全的影响

当下全球数据积累量已经达到惊人的程度，人们所有的特征和行为几乎都可以用数据表示，数据成为虚拟世界的中心和基础。同样，通过数据完全可以反向描绘出用户现实生活中的情况。Netflix公司曾公布出上亿条匿名的电影评分数据，其中没有关于用户身份的任何信息，但仍被两名研究人员通过数据对比等方法将这些评分与具体用户匹配起来，可见人们在网络上留下的数据维度之广，通过任何几项数据就能挖掘出其他信息，数据隐私极易暴露。如今智能推荐、智能营销已经广泛应用于各种平台，平台对用户信息的收集除了性别、年龄、地址等基础数据，甚至能延伸到衣食住行的各种行为信息。很多平台为了获得更多的数据资源，经常通过规则漏洞过度收集信息，严重侵犯个人隐私。一些别有用心的人试图从企业或平台获取用户数据，用于精准诈骗，数据越全面，他们成功诈骗的概率就越高。虽然各级监管部门陆续颁布了相关的法律法规，但数据隐私和安全问题仍然频发。政府部门和相关企业平台对个人信息的保护工作不到位，缺乏更有针对性的措施和实施力度，同时在监管上也存在多头分管、权责不明、执法处罚力度不够等问题。

信息安全是网络时代绕不开的问题，人工智能深度介入文化产业增加了个人隐私信息安全隐患，加剧了个人及其信息遭受侵害的风险，如不加大力度防范，带来的风险有可能是灾难性的。

三、在文化领域开展社会研究与实践的目的

1. 寻找知识产权保护的依据

建立在大数据基础之上的人工智能，一定要注意对原创者权益的保护。政府要考虑通过制定相应法律、法规、条例，规定数据库中哪些数据是可以共享的，哪些是要受知识产权保护的。平台和大数据供应商、设计写作软件的设计者和利用写作软件写作的作者应加强自律，自觉遵守知识产权法律法规，尊重原创者的劳动成果和合法

权益，以合理合法的方式利用已有的知识成果。媒体平台应对版权保护提供全面的支持，例如在媒体平台设置侵权投诉入口，优化查重技术排查侵权文章，对频繁侵权账号进行封号，奖励优质文章或优质账号等，保证原创内容生产者的创作积极性，鼓励其生产出更多优质内容。其他采用人工智能创作生产的平台，可以用专区区分写稿机器人生产的新闻和真人记者撰写的新闻，例如唱吧应用程序通过区分深度修音后的歌曲和未修音的歌曲，保证原创内容在技术环境下的公平竞争。利用人工智能工具和技术的生产者，应正确发挥人工智能的工具属性，不能完全依赖，更不能完全搬用，要注重自身修养和原创能力的提高，积极进行创作方面的积累，充分挖掘自身的创造性，只有融入个人情感的独创性作品才能成为真正的优秀作品，否则生产者永远只是符号的搬运工。

2. 探索个人数据隐私立法和监管的边界

如今人工智能已经是媒体平台必不可少的技术手段，消除技术带来的负面影响，将优势发挥得当，需要相关各方的共同努力。

（1）政府部门应履行监管职责，承担促进发展和加强管理的责任。相关部门要建立健全惩戒机制，严格执法，追究传播违法违规视听内容的网站及相关人员责任，为文化产业的发展保驾护航。

（2）媒体平台应履行职业把关职责，担负起传播优质文化内容的重任，通过“人工审核+智能审核”模式加大对内容审核的力度，引导用户获取有价值的信息。

（3）内容生产者要意识到优质内容的生产不仅是一种社会责任，更是自己在经济效益方面获得长期利润和长久发展的唯一途径。

（4）消费者对文化产品消费时要做好自我把关，自觉抵制低俗内容，共同维护健康的文化生态环境。

在大数据和云计算技术背景下，个人数据隐私的泄露和被侵犯会造成灾难性后果，对个人隐私数据的保护势在必行。欧盟于2016年颁布了《数据保护通用条例》（*General Data Protection Regulation*，GDPR），截至2017年3月，全球已经有121个国家和地区制定了针对性的个人信息保护法。然而在我国，尚未颁布针对个人信息保护的法律，对个人信息保护的立法相对滞后。在信息安全问题频发的情况下，应在《网络安全法》的基础上进一步明确和完善个人信息收集及使用规则，推出符合中国国情的个人信息保护法，通过立法明确个人信息的范围、个人信息保护的对象、信息主体的各项权利。政府各部门要加强对信息保护的监管力度、执法力度，严厉打击过度获取和非法泄露公众隐私数据的行为，让数据成为受保护的重要资源，让智能推荐、智能分析等技术在法律规定范围内合理应用。

3．追寻“文化基因”的来源

文化基因组学的英文名称culturomics是由两个英文单词组成的，一个是culture（文化），另一个是genomics（基因组学）。它指的是通过对所有数字化的文本进行科学的分析，即大数据分析，也就是通过研究人们使用词汇、组合词汇，以及词汇变迁的情况，来揭示人类的行为和文化的变迁。而行为和文化恰恰就是社会治理在文化领域关注的主要议题。最早提出这个概念的是两位哈佛大学的研究者——数学博士艾略兹·利波曼·艾登（Erez Lieberman Aiden）和让·巴蒂斯特·米歇尔（Jean Baptiste Michel），他们在2011年11月16日出版的《科学》上发表了一篇题目为《通过海量电子化书籍对文化进行量化分析》（*Quantitative Analysis of Culture Using Millions of Digitized Books*）的文章，文中首次提出了文化基因组学这一概念。显而易见，这个概念源自生物基因组学。自然科学中关于生命科学的研究模式同样可以用来研究人类的文化遗传密码。生物基因组学的研究对象是人类科学家所累积的全部DNA数据。文化基因组学其实也有明确的研究对象，那就是人类活动至今留存的所有文字记录——其中数据量最大的是美国谷歌公司的N次方浏览器（Ngram Viewer）。Ngram扫描了很多人类不同文字的出版物，包括英语、法语、意大利语、德语、韩语、西班牙语、葡萄牙语、阿拉伯语、中文等文字的书籍、杂志、报刊等，存放于云端；目前已经扫描完成了1500万册，相当于人类所有出版量的12%。它现在还在继续扫描，预计将有20万亿词条，能够帮助人们了解不同文化所关注的一些热点问题。

我国政府投资几百亿元的资金来研究生物基因组学，但对文化基因组学的投入却寥寥无几。在21世纪，研究文化基因组学也许会是一个更加重要的议题。中华文明上下传承了至少几千年，到底遗传了什么样的文化基因？如果我们对这个问题只有定性、模糊的概念，而没有定量、严谨的研究，那么对我们开展社会研究，讲好中国故事，增强国家文化软实力是十分不利的。文化基因的溯源工作任重而道远。

4. 制定人工智能创作物法律规范

要尝试对人工智能创作物进行立法规范，首先要面对以下问题：人工智能创作物是否具有权利主体资格？人工智能创作物是否构成作品？假如受著作权保护，人工智能创作物的著作权归谁，是机器或程序的研发者还是操作者？人工智能创作物的保护期限与人类作品的是否相同？在这些问题上，目前国际上还没有统一的法则，各国的规定也各不相同。

美国、日本、欧盟等发达国家和地区基本上都达成人工智能创作物应该受到法律保护的共识。我国学术界对人工智能创作物著作权相关问题争论十分激烈，但还没有明确的定论，其中支持人数较多的是增设邻接权[1]来保护人工智能创作物，原因在于邻接权可以根据实际需求进行增设，而且智能创作与其他拥有邻接权的行为在原理上有相似之处。需要注意的是，一项技术的应用经常会突破国界的限制，人工智能创作物经过网络能在全球范围内传播。所以中国在为人工智能创作物制定法律法规的时候，既要考虑本土化问题，也要参考其他国家的法律法规，否则会产生中国标准与国际标准不接轨的问题，导致中国人工智能产业、文化产业故步自封。我们应尽快消除对人工智能作品保护的盲点，确定人工智能创作物的拥有者和使用者的地位和权益，保护人工智能技术发展的积极性，使人工智能技术在文化产业中的应用更加广泛。

---

[1] 许明月，谭玲．论人工智能创作物的邻接权保护——理论证成与制度安排［J］．比较法研究，2018（6）：42-54.

启示篇

一些有启发意义的社会实践与研究

在一个快速变迁的时代，当人工智能的大潮汹涌来袭时，我们似乎没有了很多可用的过往现象作为参照。不论是对人工智能技术现状的认识，还是开展社会研究的意义，历史的经验都值得我们认真借鉴，能带领我们在技术应用于社会的过程中拨云见日。因此，本章重访历史，挖掘有启发意义的社会治理实践与研究案例，在历史和社会的情景中考察前因后果，以期为人们如何应对当下的问题带来思想与实践的启迪。

一方面，我们回顾历史上经典的社会实验案例：民国时期著名乡村建设实验是先行者；费孝通的江村观察为社会实验提供了启发性借鉴；美国的霍桑实验树立了现代行为科学研究的典范。

另一方面，我们将目光转向当代最新的研究尝试。不论是基于计算机仿真模拟的美国麻省理工学院道德机器（Moral Machine）实验，还是利用互联网技术手段进行的多样化探索，都呈现了丰富的研究探索的样貌。

我们希望这些有启发意义的案例能真正助力人工智能社会治理实践与研究工作的开展，能帮助人们实现预判人工智能技术如何影响社会的宏大愿景，能帮助推进社会治理现代化。

11

第十一章

经典社会治理实践案例

用介入社会生活、总结经验事实的方法来研究社会的方方面面并不鲜见。远的如20世纪20年代著名的霍桑实验，通过在美国芝加哥某电话交换机制造厂设置测验室，哈佛大学心理学教授乔治·埃尔顿·梅奥（George Elton Mayo）和他的研究小组开创了对组织管理的新认知；近的如美国麻省理工学院2016年开始部署的道德机器在线实验平台，它可评估人类在极端情况下的道德偏好，该实验结果已于2018年10月发表在《自然》科学杂志上。

19世纪以来，社会科学领域的四大实证研究方法——“观察法、实验法、比较法、历史法”遵循了社会学先驱奥古斯特·孔德的创见，并在技术化、工业化、城市化的发展和推进中功不可没，被广泛应用于工厂管理、公民住房、城市规划、公共福利及政策实施等多种治理议题。和自然科学研究相比，虽然这些事关民生福祉的治理研究有更强的社会效应，但它的弊端也不容忽视。[1]一方面，社会生活中的干扰变量极其复杂，如何将干扰变量的影响降至最低，这在社会治理

[1] 闵学勤．社会实验：嵌入协商治理的可能及可为——以南京市鼓楼区社区协商实验为例［J］．人文杂志，2017（3）：111-119.

议题下并不容易实现。另一方面，社会治理实践需要设立一个个创新的干预项目来明确研究目的和方案，如何在此过程中确保被考察对象的独立性和伦理安全，一直以来也困扰着研究者。同时，制度环境的限制使研究者感兴趣的数据和指标无法在政策实施之前就获得，之后的结果自然也无法“放之四海而皆准”了。[1]

因此，了解过往较为成功的社会治理实践案例，学习它们的丰富背景和实施面貌，有利于回答“怎么做”和“为什么”的问题，启发当今人工智能条件下社会科学研究的设计思路和适宜的开展方式。

如前文所述，尽管大规模的社会治理实践不易开展，但翻开中国的近现代史不难看出，开拓者一直在苦寻我国独有的前行道路。典型案例当首推民国时期著名乡村建设实验、费孝通的江村实践。

其中，民国时期著名乡村建设实验在中国社会科学史上具有标杆意义，包括：1926年起晏阳初、李景汉等人扎根十年的定县实验，1928年起由吴文藻先生所在的燕京大学社会学系引领的清河实验，以及1931年起梁漱溟在邹平县推动的乡村建设。依据实验目标、实验过程和实验成果划分，三者的简单比较见表11-1。

总的来说，三者的主要不同在于实验出发点。定县实验以“以文艺教育攻愚、以生计教育攻穷、以卫生教育攻弱和以公民教育攻私”为核心理念。[2]清河实验从学科建设出发，意在“帮助贫苦农民的家庭改进生活状况，激发人们对社会工作的兴趣，显示知识与科学在社

[1] 风笑天．简明社会学研究方法［M］．北京：华文出版社，2005．

[2] 李金铮．定县调查：中国农村社会调查的里程碑［J］．社会学研究，2008（2）：165．

表 11-1　民国时期著名乡村建设实验比较

时间	实验地点	实验目标	实验过程	实验成果
1926—1936 年	定县	平民教育	实地调查—试验研究—分类示范—项目推广	创立了从教育入手的“教育—乡村改造”模式
1928—1937 年	清河	学科建设	前期调查—人才教育—试验落地	确立了“调查为纲、注重实际”的社会治理思路
1931—1937 年	邹平	文化复兴	理论研究—干部培训—试验推广	开创了以文化入手改造乡村的“文化—乡村改造”模式

会服务方面的力量，为学生从事社会调查和实习提供一个基地”。[1]邹平实验富有早期协商的意蕴：梁漱溟希望参与实验的农民通过生产合作、消费合作、信用合作实现团体自治，最终实现地方自治。他因此选择“农业改良”“乡村自卫”“文化卫生建设”，甚至包括“县政改革”等实验模块来全方位推进。[2]

而三者的相同之处主要在于田野实验的特质、历史背景和改良路

[1] 王炳根．玫瑰的盛开与凋谢：冰心与吴文藻（一九五一～一九九九）[M]．台北：独立作家．2014．

[2] 刘升勤．文化自觉与社会改造——中西文化冲突背景下的梁漱溟“乡村建设”评析 [J]．齐鲁学刊，2014（6）：82-85．

径的选择。一方面，三者都积极介入社会生活，通过改变社会生活的某个方面观察现实中的因果关系。它们均超出了自然科学实验室的方寸之地，在广阔的农村田野间尝试描述真实世界的规律，并在此基础上对乡村加以治理改造。另一方面，这些轰轰烈烈的田野实验的建立是基于当时独特的历史背景和复杂的文化冲突。到20世纪二三十年代，中国已历经了八九十年的列强侵略和西学东渐的思潮。国内政局的混乱，尤其是军阀混战，加速了农村社会经济和传统文化的衰败。

考虑到乡村在中国的特殊地位，尤其是作为中国最基本最主要的社会构成，晏阳初、梁漱溟等人都认为乡村要改变，乃至中国要改变，非从乡村治理开始不可。因此，尽管他们的实验在基本宗旨与主要动机、理论基础与指导思想、具体目标与根本意义、建设路径与组织建构等方面有所不同，但都要求从乡村做起。❶

但不可否认，由于当时历史条件的限制，三者都采取改良的方式，局限了实验成果的普及和深化。因为不具备政治权威，或得不到当时政府的支持，三者的组织和推行者只能依靠自身努力来动员社会资源，这或可算是这场运动最令人遗憾的地方了。❷

❶ 秦海根. 民国时期乡村建设运动渊源与路径略考——基于定县实验研究［J］. 柳州职业技术学院学报，2014（5）: 7-13.

❷ 孙念超，崔军伟. 论民国时期乡村建设运动的历史价值［J］. 湖北社会科学，2014（3）: 110-112.

一、定县实验

定县实验从教化农民入手，通过教育的引入启发民智，并达到改善乡村生活的目的。这一实验目标延续了晏阳初一直以来的“平民教育”主张。1923年，晏阳初获得张伯苓、蒋梦麟、陶行知等人推举担任了“中华平民教育促进会总会”（简称“平教总会”）总干事，“平教总会”也自此成为定县实验坚实的组织和实践主体。

实验过程基本遵循“实地调查—试验研究—分类示范—项目推广”的模式。以卫生保健为例，晏阳初初步调查发现，现代化的合格医院缺乏、医药供给匮乏、药品种类单一、每户医药费水平低下、每村卫生保健预算不足等基础条件极大制约乡村村民的卫生保健水平。从这样的基础条件出发，实验从最简单的卫生宣传开始，组织各村卫生展览、演讲、放电影、预防与诊疗示范等活动，激发农民的兴趣。同时，各村平民学校训练优秀的毕业生，使其不仅担任各村的诊所护士与公共卫生护士，而且承担种痘、助产士等专项化工作，这一举措使得各村保健员最终达到80人。在前期工作有序开展的基础上，区级示范性保健所开始逐步设立，最后，县一级的保健院也完成建设，它作为全县卫生机构的中枢，指导全县的卫生保健工作。这样的“保健员、保健所、保健院”的卫生保健系统，层次分明、相互衔接、相互分工、相互配合，共同推进了卫生保健事业的有序发展，提高了医疗卫生效率，节约了大量医药经费，并使村民的医疗卫生状况得到了很大的改善。[1]根据秦海根等学者

---

[1] 秦海根．民国时期乡村建设运动渊源与路径略考——基于定县实验研究［J］．柳州职业技术学院学报，2014（5）：7-13.

的考证，这套覆盖了全县各村的卫生保健系统，其组织结构、设施配置、职责任务如图11-1所示。

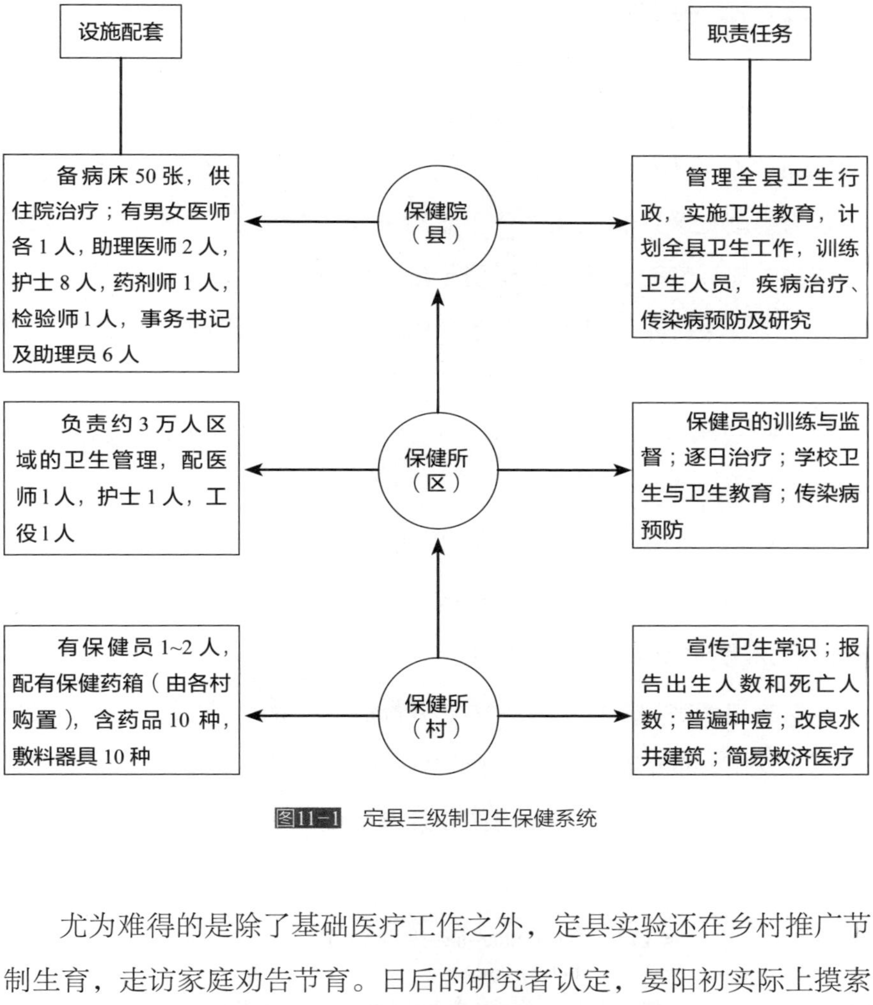

图11-1 定县三级制卫生保健系统

尤为难得的是除了基础医疗工作之外，定县实验还在乡村推广节制生育，走访家庭劝告节育。日后的研究者认定，晏阳初实际上摸索出一套符合中国国情、覆盖全国城乡的公共卫生体系建设办法，这些经验甚至适用于很多日后的发展中国家。[1]

二、邹平实验

邹平实验的开展基于梁漱溟对中国社会的独到认知，即“伦理本位”和“乡村本位”。前者讲中国人重视亲情关系和家庭义务，后者则认为中国社会只有职业之分，而没有阶级之区别。因此，为了践行这套乡村建设理论，梁漱溟运用了新文化和五四运动时期开始流行的实验主义方法，即被胡适概括为“大胆假设，小心求证”的方法论。[2]具体的实验内容包括县政改革、发展农民自助组织保卫乡村、农业文化卫生改善等，其中重塑乡村社会的自治组织是实验方案的第一要务。

邹平实验的过程主要包括理论研究、干部培训、试验推广等步骤。负责实验整体推进工作的机构是梁漱溟在邹平创办的“山东乡村建设研究院”（简称“研究院”）。

以乡学村学的组织建设为例，梁漱溟从“伦理情谊”的理论视角出发，找出公推的德高望重的乡村精英，将其纳为乡学村学的精神领袖和具体执行者。全体村民则被分为四个部分，分别是成人部、妇女

---

[1] 吴晓波. 定县实验［EB/OL］.（2009-08-14）［2020-10-02］. http://www.eeo.com.cn/observer/special/2009/08/14/147831.shtml.

[2] 陈锐. 乡村建设的儒学实验——现代化视角的梁漱溟“邹平建设实验”解读［J］. 城市规划，2016（12）：130-136.

部、儿童部和高级部，各部由研究院下派的“先生”负责教习。乡学的结构与村学类似，是高一级的社会组织。由此，乡学、村学就代替原来的乡公所、村公所，成为“政教合一”的行政机关。[1]其目的是利用传统的礼俗和教育，实现社会的良性治理，避免行政的暴力和法律的冷酷。最后，邹平原来的7个区、345个村，改建为14个乡和316个村（过小的村与大村合并）；至1937年，共建乡学14处，村学271处，总计285处。[2]

乡学和村学建好后，一方面，立足儒家传统，进行中国良好传统精神的培养：积极倡导敬长、尊师、尚贤、恤贫、睦邻、扬善、抑恶等传统道德；同时，禁止各种陈规陋俗，如缠足、早婚、吸毒、赌博、斗殴、不洁等。[3]另一方面，通过教学教材的设计，也进行农业科技、公共卫生等新时代要求的培养。以农业科技的推广为例，“研究院”在各村学和乡学中选拔一批由农民自发组成的农业合作社，与普通农家进行对照实验。“研究院”设立的实验农场，为实验组的农业合作社提供全流程服务——从良种培育、播种指导、资金贷款，到最后的农产品统一回收外销。这种“产供销”一体的市场化模式，直到今天也并不过时。而鼓励农民组成合作社才能入选实验组的激励方式，在今天也是改变传统个体农业生产的一种有效手段。实验结果也是令人可喜的。以棉花为例，据时任实验农场技术员的李元贞回忆：“参与实验组的梁邹美棉运销合作社的棉花产量每大亩收籽棉150～200千

❶ 魏文一．梁漱溟乡村建设理论中的村学与乡学［J］．学海，2017（5）：103-111．
❷ 刘庆亮．梁漱溟在山东的乡村建设运动［J］．支部生活，2014：9．
❸ 同②．

克，其他棉种每大亩则不足60千克。那时，5千克棉花的收入就顶一斗粮食（重30千克），一大亩棉花亩产200千克，可顶粮食1200千克。”1932—1935年，邹平的棉花合作社数量增长7倍，社员增长12倍，棉田增长32倍。该实验的大致流程如图11-2所示。

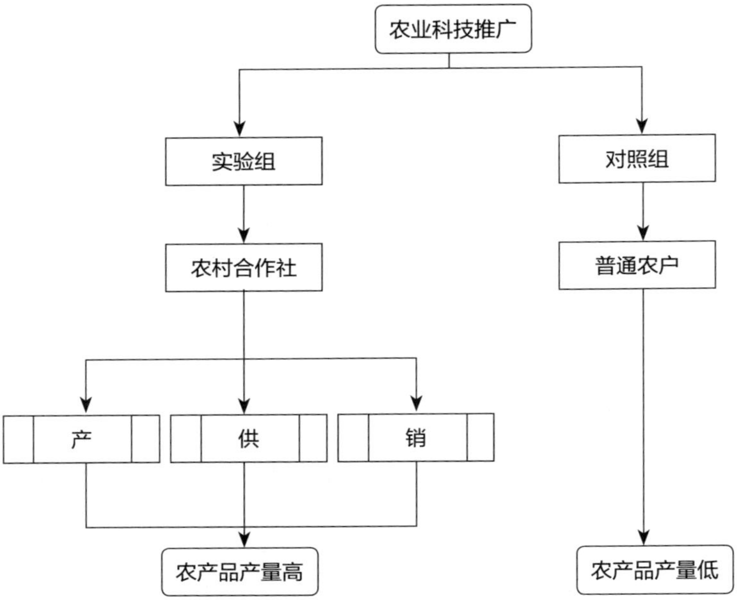

图11-2　邹平县农业科技推广实验的大致流程

三、清河实验

与前两者比较而言，清河实验则是真正意义上的社会实验，参与人员也都是受过专门社会学训练的学生和教师。[1]它的实验目的之一就是落实“社会服务实习”——学生通过社会调查学会科学的调查方法，并深入了解中国当下的现实情况。从选择清河作为实验场地，到确定实验的基本过程，燕京大学社会学系都进行了细致科学的考量。

实验选址上，除了考虑到清河优越的地理位置因素外，也认为清河镇既是“中国生活的村镇”代表，同时期的家庭人口规模又和英美家庭类似。此外，清河当地回族民众居多，与燕京大学的宗教背景契合，方便与当地人员交流和交往。[2]

清河实验原则上不但尊重实验要求，而且注重经济基础和因地制宜，即“举办事业的规模，只求适合现有经济能力可担负的程度”，“要根据本地民俗、风化与实际环境，找出合宜的社会控制技术”。[3]

清河实验的实际操作则遵循前期调查—人才教育—试验落地的模式，计划与安排科学细致。以发展家庭毛织业为例，[4]燕京大学教师和学生通过前期走访，了解到清河当地的农民收入水平低下，而羊毛销往欧美国家，其利甚大，并且当地家庭主妇具有一定的纺织技能，所以清河实验提倡试验家庭毛纺业。[5]

1932年6—11月，两名被选定的清河实验学生代表到北平华北工

---

❶ 彭秀良．清河实验（一）：概述［J］．中国社会工作，2015（22）：58-59.

❷ 同①.

❸ 同①.

❹ 齐凤，张学东．近代“清河实验”及其“学院派”社会工作风格［J］．河北广播电视大学学报，2015（5）：12-16.

❺ 张德明．教会大学与民国乡村建设——以燕京大学清河实验区为个案的考察［J］．北京社会科学，2013（2）：57-62.

程学校免费学习毛织技术。同年11—12月，这两名学习结束的学生代表担任教师，正式开班培训乡民毛织技术，共收学徒20名，男女学徒各占一半。培训过程中，学徒没有报酬，学成后，按出品优劣多寡发给工资。

同时，该培训也考虑到设备费用和工作种类的区别，合理安排工作进度：一是允许学徒使用织毛、净毛等较昂贵的设备在厂内工作；二是允许学徒领取费用较低的梳毛板和织毛车回家工作，成线后归还，这种工作一般最适宜家中的妇女从事；三是关于用品的购买及成品售卖，聘请义务专家，协同农家纺织组织委员，在合作原则下，共同管理。在此种合理的实验设计和科学组织下，家庭毛织业在清河逐步发展起来，切实提高从事毛织业家庭的经济收入。该部分的简单流程如图11-3所示。

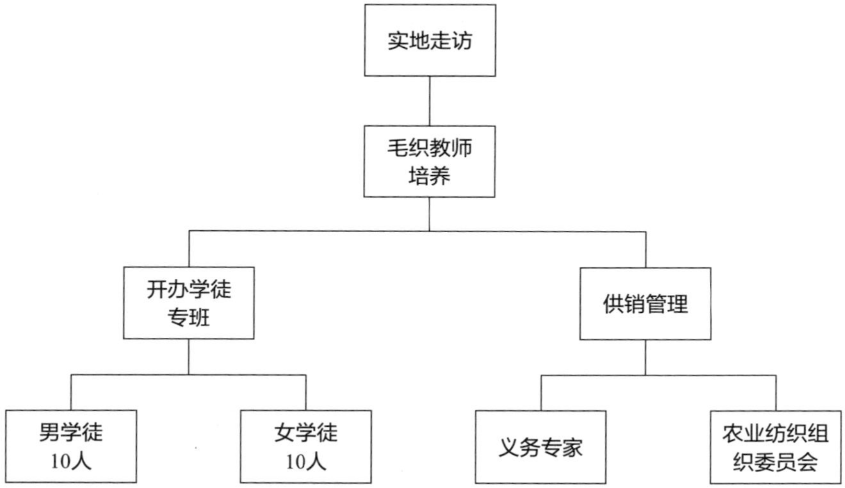

图11-3 清河镇家庭毛纺织业推广实验的简单流程

四、江村实践

某种程度上，费孝通的《江村经济》一书和它背后的“乡土中国”“差序格局”或许是国人最耳熟能详的社会学研究案例了。[1]尽管与“寻乌调查”一样，费孝通在江村进行的社会调查不属于严格意义上的社会实验，但不可否认，对江村的观察和研究为社会实验提供了启发性借鉴。

与上述民国时期著名乡村建设实验不同，江村调查并没有试图引入某些变量来刺激该地区的生产生活，从而得出前后的对比参照。江村调查完全通过田野观察的方法记录和表现江村的现状沉浮。调查的目的，如费孝通自己所言，就是“在一定时空坐标中去描画一些地方人们所赖以生活的社会结构”。通过描绘一个小村落的生活，费孝通用显微镜般的社会学派方法放大了整个中国的缩影。

这种社会学派方法，一方面继承自其导师——清河实验的领军人物吴文藻所倡导的“社会学中国化”设想，另一方面也衔接了美国芝加哥学派的实地调查法和社区整体有机观。[2]美国芝加哥学派倡导的“社区研究”（Community Study）为吴文藻的“社会学中国化”设想提供了可能的实现路径。

因此，费孝通的江村调查正是直面中国社会的现实，以理论假说开始，以“到实地去”的验证为终结，让理论符合事实、事实启发理

[1] 陈心想. 时代·个人·学问：费孝通与《江村经济》[J]. 清华社会学评论，2017：7.

[2] 周晓虹. 江村调查与社会科学中国化. [EB/OL].（2020-05-12）[2020-10-02]. https://www.thepaper.cn/newsDetail_forward_7393191.

论，从而获得一种理论和事实糅合后的新综合。用费孝通自己回忆的话说，美国芝加哥学派的创始人罗伯特·帕克（Robert Ezra Park）“教我们把北京当作实验室，甚至把我们带到北京的八大胡同，要我们直接去观察……我们在报纸和小说中读到过这种地方，但从未实际看到，所以只有抽象的概念”；而罗伯特·帕克的社区研究则遵照社区整体有机观，即“文化实在是一个活着的有机体，要改变一部分，就要改变其他部分”。

这种实地调查和文化有机体的观念，完整地呈现在《江村经济》一书中。费孝通将江村视作一个有机体来考察分析它社会文化的各个部分，使江村调查既有现代科学理论的支撑，又有中国农村实际经验做学术基础。实际观察中，费孝通认识到中国农村中许多被忽略的问题。例如，不同于“农村问题根本上是土地问题，是阶级剥削”的论点，费孝通敏感地捕捉到乡村副业的重要性，开启了社会改良的路线，而这一畅想直到改革开放后才得到实践，也就是乡镇企业的兴起。[1]

综上，不论是民国时期著名乡村建设实验，还是费孝通的江村实践，就历史意义、研究开展的深度和广度而言，它们都是社会治理实践的经典范本，都为后来中国社会治理工作的开展提供了良好的参照。

[1] 王晓琳，王俊敏．费孝通的合作思想与江村合作经济的变迁［J］．湖北民族学院学报：哲学社会科学版，2016（5）：14-24.

五、美国的社区研究和工厂实验

1．社区研究

美国芝加哥学派领军人物罗伯特·帕克教授早在20世纪初的《论中国》一文中就写道："城市是西方的社会实验室，而中国的社会实验室则在农村。"的确，美国在20世纪初的社会学研究主要集中在城市，并重点探讨社区发展、邻里关系或社区权力等现实问题。[1]

早在1915年，美国社会学家弗兰克·法林顿（Frank G. Farrington）就著有《社区发展：将小城镇建成更加适宜生活和经营的地方》；到了1923年，在洛克菲勒财团的援助下，美国芝加哥大学成立了"全国社会科学调查协会"，接着又成立了"社区调查委员会"，从此以后，芝加哥大学的社会调查研究进入了有组织的活动阶段。而从1933年开始进行的田纳西流域发展工程，就不仅是一项改造自然的科学技术和促进物质发展的工程，也逐渐成为一项"为社会与经济福利服务"的"伟大的实验"。此后，围绕社区建设，美国的社会学家和社会工作者不断对其理论和基本研究方法加以深化。[2]

具体来说，以对社区权力研究为例，研究者认为，从事研究的社会地区，首先应是地方一级的政府单元，即社区；研究的直接目的则是经验性地描述并且规范性地了解、评价该社区中的政治生活质量。[3]

---

❶ 王晓琳，王俊敏．费孝通的合作思想与江村合作经济的变迁［J］．湖北民族学院学报：哲学社会科学版，2016（5）：14-24.

❷ 朱传一．美国的社区发展计划与实验［J］．社会工作，1994（1）：8-11.

❸ 夏建中．国外社会学关于城市社区权力的界定［J］．江海学刊，2001（5）：42-45.

其中，弗洛伊德·亨特（Floyd Hunter）开社区权力研究一代先河，从精英论的视角切入对美国亚特兰大市的研究，设计了声望法来试图找出某一社区中的权力核心人物，分析其决策层的层级和权力运用过程，并于1953年出版《社区权力结构：决策者研究》一书，认为社区中的权力领袖最喜欢结交工商业者、政府官员、市民组织等。弗洛伊德·亨特声望法的实施过程如图11-4所示。

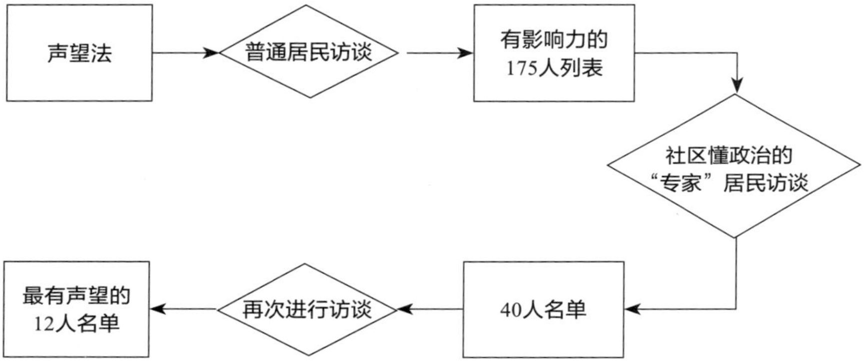

图11-4　弗洛伊德·亨特声望法的实施过程

该方法的实施过程简述如下：①通过与居民交谈和其他一些调查，列出被认为是当地社区工商业、政府、市民或社交圈中有实际影响的所有人。②询问社区中了解该社区的人们或对地方政治熟悉的专家的代表性看法，把上表中人物按顺序排列，在适当的时候增加或删除某个人。③把表中的人物数量由175人缩小到40人。④弗洛伊德·亨特对这40人再次进行访谈，请他们指出其中被认为是此区中最有领袖地位的人。⑤最后，他又从中得到一个中选率最高的12人名单，他发现这12人是40人权力精英的核心。[1]所以，声望法的核心就是列出有声望的人，然后访谈并证实这一列表。[2]

2. 工厂实验

除了社区研究，20世纪赫赫有名的霍桑实验则以工厂为研究地点，试图利用实验的方法，找到霍桑工厂生产成绩不理想的原因（图11-5）。作为一个制造电话交换机的工厂，霍桑工厂内部的配套设施和福利制度都较好，但工人们的工作热情依然不高。为了寻找原因，美国国家研究委员会组织了一个由社会学、心理学、管理学等多方专家组成的研究小组，于1924年11月开始在该厂进行实验。[3]

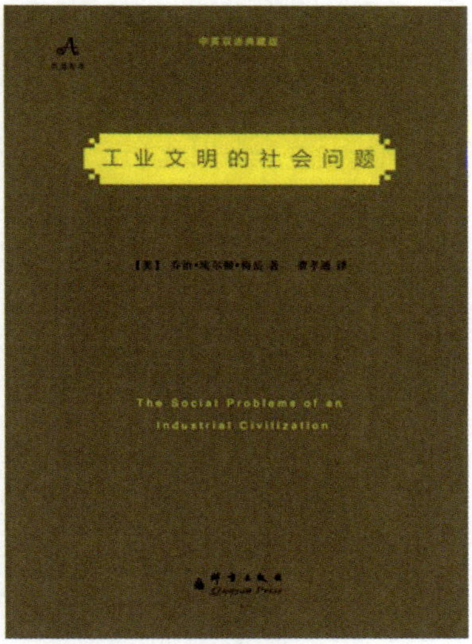

图11-5 介绍霍桑实验的中文译本

实验最初的设计是为了探讨车间场景条件的变化是否会改变生产效率。实验从照明方式、工资支付方法、下班时间调整、延长工间休

[1] 夏建中. 国外社会学关于城市社区权力的界定［J］. 江海学刊，2001（5）：42-45.

[2] Merelman R M，Ricci D M. Community power and democratic theory：The logic of political analysis［J］. Contemporary Sociology，1973，2（1）：61-62.

[3] 何天齐. 霍桑实验的启示［J］. 文史哲，1989（2）：11-14.

息时间并供应茶点等条件着手，试图找出可以提升生产效率的有效途径。但可惜的是，这些条件的变化都没有对生产效率产生实质性影响，得不出应有的结论。[1]

1927年，哈佛大学心理学教授乔治·埃尔顿·梅奥在此情况下应邀参与第二阶段的实验。他重新组织新的研究小组，并将整个实验过程分步骤有序展开：

第一步：继续上述“照明实验”。

第二步：无指示性“谈话实验”。

第三步：“群体实验”。[2]

乔治·埃尔顿·梅奥教授接管该实验后，认为生产效率的高低应该与某些未知因素有关，进一步的研究证实了他的猜想：参加实验的女员工事前曾被主管召集谈话，因而参与实验的自豪感激发了她们为展现自身价值而努力工作，这说明人被特别关照后的精神状态与工作效率的提升之间存在直接关联。[3]

而谈话实验则涉及对全体员工的访谈，意在了解工人的真实想法和对工厂制度的具体意见。访谈不是简单的闲聊，乔治·埃尔顿·梅奥对访谈人员提出了五条建议：第一，访谈时要专注，使受访者感到应有的尊重；第二，多听少说，避免诱导式提问；第三，不同访谈对象辩论；第四，善于倾听；第五，保证彼此对同一话题的理解一致。这种以受访

---

[1] 何天齐. 霍桑实验的启示 [J]. 文史哲，1989（2）：11-14.

[2] 贾安阳. 霍桑实验在工作效率研究中的重要发现 [J]. 贵阳学院学报（社会科学版），2016（6）：76-78.

[3] 张雪松. “霍桑实验”对思想政治工作的启示 [J]. 今日中国论坛，2012（A11）：183-184.

者为核心的方式，使受访者可以敞开心扉，也便于研究者充分掌握一手资料。

访谈收到了意想不到的效果，调查发现：员工不仅需求各异，而且对工厂的制度安排等体系建设的看法和见解也非常不同，但囿于和管理层沟通渠道的缺乏，员工的意见得不到回应，久而久之就愈发丧失了工作热情和动力，导致工作效率下降。

群体实验是为了探讨非正式组织规范对人们行为的影响。[1]实验对象是14名电话线圈装配室的男工，实验目的是通过分组并采取多劳多得的奖励操作，促使工人的工作热情提高、产量上升。但实验结果表明：每个人的日均产量相差无几，而且实际日均产量的标准是组员自发形成的小团体自行设置的。这一有趣发现的背后，是工人内部存在的非正式组织和其划定的行为规范在引导每位员工的产出。工人为了维护自身和同伴利益及内部的团结稳定，而放弃了一部分额外的收益。

综上，不难看出，现代历史上的中外社会实践大都通过巧妙介入实际的社会经济生活来验证一定的理论命题或改革假设，展现了旺盛的生机和活力。[2]即便如霍桑实验一般保留了更多自然科学研究的特质，也是自由灵活地结合了人工可控和实际工厂生活观察访谈的优点。上述的经典案例都在呼吁研究者走进和介入实际生活里，不断用事实和证据验证命题和假设。它们得出的结论或成效，显然比闭门造车更为可靠和值得推广。

---

❶ 王抒. 霍桑实验的实验设计及研究贡献的分析［J］. 现代经济信息，2013（3X）: 265-266.

❷ 刘庄. 田野实验：社会科学研究新方法［N］. 中国社会科学报，2015-07-07（5）.

12
第十二章
互联网社会科学研究

时间滑向最近的一二十年，互联网的普及带来了日常生活的数字化趋向。一方面，互联网线上行为的独特性使传统线下的研究方式需要顺应调整；[1]另一方面，新技术作为纯粹的研究工具，不但能使人们获得海量的社会数据，而且可以与神经生物学等其他学科融合，为计算机模拟人类行为研究开辟更广阔的场景。[2]因此，由互联网掀起的新型研究方法应运而生，并诞生了许多社会学研究的佳作。

一、互联网条件下的社会科学研究

此种方法是“以计算机、互联网与人工智能技术等为平台，在高度控制的条件下，通过操作某些因素，利用云计算等新方法来获取数据与分析数据，从而研究和解释变量之间相关关系的研究。其目的是

❶ 郝龙．互联网社会科学实验：数字时代行为与社会研究的新方法［J］．吉首大学学报（社会科学版），2018，39（2）：26-34．

❷ 罗玮，罗教讲．新计算社会学：大数据时代的社会学研究［J］．社会学研究，2015（3）：222-241．

发现两个变量之间是否具有相关关系”。[1]与传统统计调查手段相比，这种方法以大数据量化为导向，甚至可以将个体行为完全置于数据分析的“显微镜”之下。例如，为了考察影响某银行客户服务中心业绩提升的因素，美国麻省理工学院的研究人员利用跟踪测量员工胸牌的方式，记录每位员工的声调、姿态、彼此间的眼神交流、说话频率等全方位观测到的数据，从而发现擅长社交的职员业绩更好，并促使该银行更改了过去不许员工闲聊的规定，转而鼓励员工多参与社交。[2]

不难看出，大数据时代的数据量极大，数据来源的丰富性已达到无以复加的地步。但如果想做出高品质的互联网条件下的社会科学研究，还是需要对驳杂的数据加以有效整理，使它们具有可分析性。这无论对定性还是定量的研究来说，都是十分必要的。[3]

定量研究中蕴含的数字信息大多可利用计算机技术手段直接处理使用，涉及的文字信息则往往需要先量化再利用。例如，陈云松对谷歌图书最新语料库中的关键词进行词频统计，以此来追溯、探讨社会学百年来的发展变迁。[4]龙瀛等人利用一周内855万个公交IC卡产生的数据、城市地图及土地利用信息等，分析市民的职业和居住地关系以及通勤行为。[5]

---

❶ 罗玮，罗教讲．新计算社会学：大数据时代的社会学研究［J］．社会学研究，2015（3）：222-241．

❷ 段伟文．人工智能与解析社会的来临［J］．科学与社会，2019（1）：115-128．

❸ 张旭，唐魁玉．大数据及其“社会学后果”［J］．新视野，2016（3）：42-47．

❹ 陈云松．大数据中的百年社会学——基于百万书籍的文化影响力研究［J］．社会学研究，2015（1）：23-48．

❺ 龙瀛，张宇，崔承印．利用公交刷卡数据分析北京职住关系和通勤出行［J］．地理学报，2012，67（10）：1339-1352．

对于定性研究，研究者需要先根据关键字对主体信息进行分类。显然，这种海量数据的分类不能依靠人工完成，要借助计算机手段。但实际操作过程中，计算机手段也显现出诸多缺陷。[1]例如，同义词和近义词很多，而研究者在缺乏主体信息时往往对类似表述难以穷尽，更无法筛选出恰如其分的关键字；对于这种困境，有研究者提出在“人工前导”下的主题建模，即研究者为机器的自我学习和训练提供初步的人工分类好的样本，以期提高之后计算机分类的精准度。[2]

不难看出，因为互联网条件下的社会科学研究仍在发展，很多概念的建构和过程的完善并不充分，所以为了较完整地展示它包含的要素和实施过程，在此借鉴一项典型的研究成果进行介绍。

为了弄清楚个体行为的集合会如何影响市场上文化产品的成功，美国哥伦比亚大学的一个研究团队在互联网上创建了一个人工“音乐市场”，[3]吸引了全球数万名青少年音乐爱好者参加。研究人员将这批爱好者随机分配到对照组（即独立的实验环境）和实验组（即有社会影响力的社会环境，此环境下共分为彼此相互独立而向前发展的8个小“世界”）内，并为其提供一份不知名乐队的不知名歌曲清单，要求参与者从一星（“我恨它”）到五星（“我爱它”）给每首歌打分，实验设计如图12-1所示。

[1] 陈云松．大数据中的百年社会学——基于百万书籍的文化影响力研究［J］．社会学研究，2015（1）：23-48.

[2] 同①.

[3] 林寒，罗教讲．互联网社会实验研究：社会学研究的变革与进步——基于国外已有成果的分析［J］．科学与社会，2016，6（2）：67-84.

该实验的目的是探究参与者的社会活动是否会影响文化产品成功的平等性和可预测性。以不平等性为例，它具体的研究过程如图12-2所示。

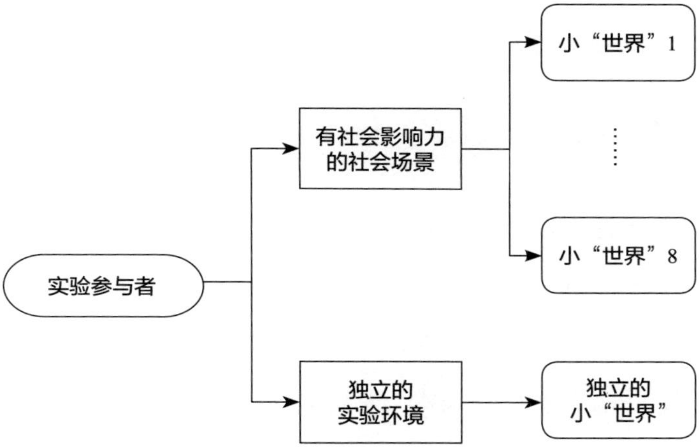

图12-1　实验设计

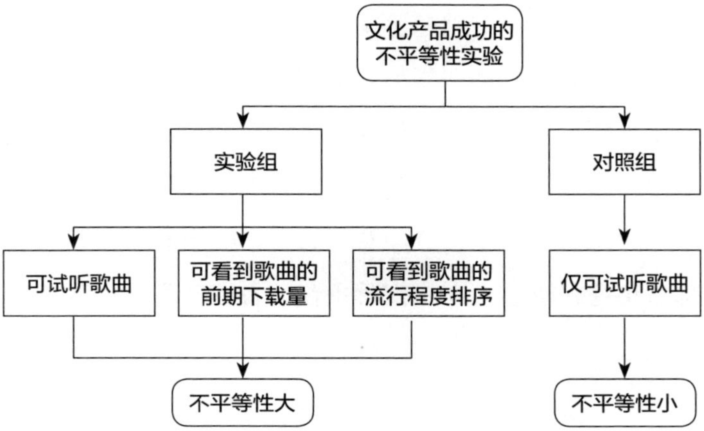

图12-2　文化产品成功的不平等性研究过程

简单来说，实验中的对照组成员仅可以试听歌曲，但不受其他任何外界因素的干扰；而实验组成员则既可试听歌曲，又可看到歌曲的前期下载量、流行程度排序等。结果显示，在其他条件不变的情况下，相关社会影响因素增加，不平等性也随之增大。

二、"网络田野"调查

除了将互联网为首的新技术当作研究工具之外，另一个与互联网息息相关的是将新技术本身当作社会生产和生活的一部分，考察它们与人类社会的双向互动。以美国麻省理工学院近年来的两个典型研究案例为例，很容易看到在技术发力进程中，社会生活可能呈现的丰富场景。

以自动驾驶汽车为例。目前，离自动驾驶汽车上路只有一步之遥。但上路之前，自动驾驶汽车至少需要克服两个方面的缺陷：一是其缺乏社会意识；二是证明其加载的固化编程程序的"价值观"是合理的。对于前者，根据美国麻省理工学院新闻（MIT News），美国麻省理工学院计算机科学与人工智能实验室的研究团队进行了提升自动驾驶汽车社会意识的研究尝试。对于后者，美国麻省理工学院于2016年开始部署道德机器这一在线实验平台，旨在探索自动驾驶汽车面临的道德困境。

1. 自动驾驶汽车的社会意识研究

如前文所述，该研究的前提是自动驾驶汽车不再单纯地把路面遇到的车辆当作障碍物，而是意识到周围汽车的驾驶员都是有一定意图、动机和个性的个体。因此，设计方案是探索自动驾驶汽车能否通过编程，对其他驾驶员的社会性格进行分类，使自动驾驶车辆能够更好地预测周围汽车可能的驾驶行为，从而提升驾驶安全性。[1]

研究团队结合社会心理学和博弈论的方法，根据驾驶员的自私或无私程度，对其驾驶行为进行分类。具体来讲，研究者通过社会价值取向确定自动驾驶汽车的实时驾驶轨迹。在测试并道和无保护左转模拟任务的算法时，研究团队发现，采用此方案的自动驾驶车辆预测其他车辆行为的准确性提升了25%。[2]例如，在左转模拟任务中，如果自动驾驶车辆预测到旁边车辆的驾驶员较为自私，自动驾驶车辆会让其先行；而当遇到较为遵守社会道德的驾驶员时，它们可能就会直接转弯。类似地，当自动驾驶汽车左转直行合并车道时，一般会出现两种选择：忠实于社会道德准则的驾驶员愿意让别的车合并到车道，而以自我为中心的驾驶员则不愿意（图12-3）。

[1] 雷锋专栏．MIT 最新研究：增强自主驾驶汽车社会意识，可提升出行安全［EB/OL］．（2019-12-06）［2020-10-02］．https://www.leiphone.com/news/201912/HSiNxdhMQTFCTQR0.html.

[2] 王亚辉．自动驾驶汽车的道德困境、MIT“道德机器”实验［EB/OL］．（2019-03-18）［2020-10-02］．https://zhuanlan.zhihu.com/p/59558993.

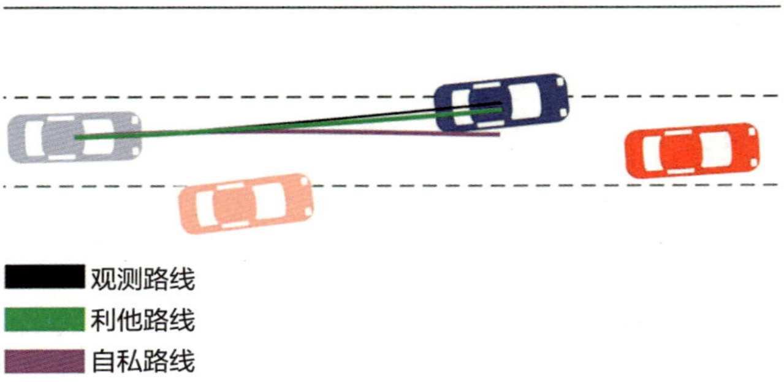

图12-3 自动驾驶汽车的社会意识实验模拟图

（资料来源：美国麻省理工学院新闻）

值得一提的是，虽然该系统当前还不能在实际驾驶情景中运用，但它也许还会对人类有所帮助。假设你正在开车，有辆汽车突然进入你的盲区。此时系统就会通过后视镜提醒你，这辆车的驾驶员很强势，那么你就可以相应地进行调整。同时，该系统还可以让自动驾驶汽车真正学会更多人类会表现出的行为，让周围汽车的驾驶员也能理解。[1]

2．机器的道德决策研究

和人类驾驶员一样，自动驾驶汽车也要针对多变的路面情况，随时做出抉择。诸多的自动驾驶汽车事故报告可以表明，自动驾驶汽车不会主动去碰撞行人，而是选择被动情况下不得不碰撞行人，汽车不会故意碰撞行人，但如果发生碰撞，自动驾驶系统中会有相关机制告

[1] 王亚辉．自动驾驶汽车的道德困境、MIT“道德机器”实验［EB/OL］．（2019-03-18）［2020-10-02］．https://zhuanlan.zhihu.com/p/59558993．

知自动驾驶汽车不能做什么。[1]而这种固化的选择机制从根本上反映了系统程序（即目前自动驾驶机制编程人员和所处机构）的优先级和“价值观”。[2]

因此，为了了解机器如何做出道德决策，美国麻省理工学院于2016年部署道德机器这一在线实验平台，旨在探索自动驾驶汽车面临的道德困境。道德机器被设计为一款多语言的在线“严肃游戏”，用于在全世界范围内收集数据。因为任何涉及人工智能伦理的尝试都必须了解公众的道德认知，所以通过了解公民希望自动驾驶汽车在不可避免的事故情况下如何做决定，可以较为有效地来进行消费者的道德偏好评估。

如图12-4所示，在道德机器的主界面上，用户可以看到不可避免的事故场景，根据自动驾驶汽车是突然转向还是继续行驶，从而导向两种不同的结果。事故场景是由道德机器产生的，遵循的探索策略集中于9个因素：保护人类（或宠物），保持直行（或转弯），保护行人（或乘客），保护更多的生命（或更少的生命），保护男性（或女性），保护年轻人（或年长者），保护合法过马路的行人（或乱穿马路者），保护健康者（或不健康者），保护较高社会地位者（或较低社会地位者）。[3]

---

❶ 王亚辉. 自动驾驶汽车的道德困境、MIT“道德机器”实验［EB/OL］.（2019-03-18）［2020-10-02］. https://zhuanlan.zhihu.com/p/59558993.

❷ 丁洪然. MIT道德机器实验：当事故不可避免，自动驾驶汽车该怎么选［EB/OL］.（2019-12-12）［2020-10-02］. https: //finance.sina.cn/2018-12-12/detail-ihqackaa6096856.d.html.

❸ 同②.

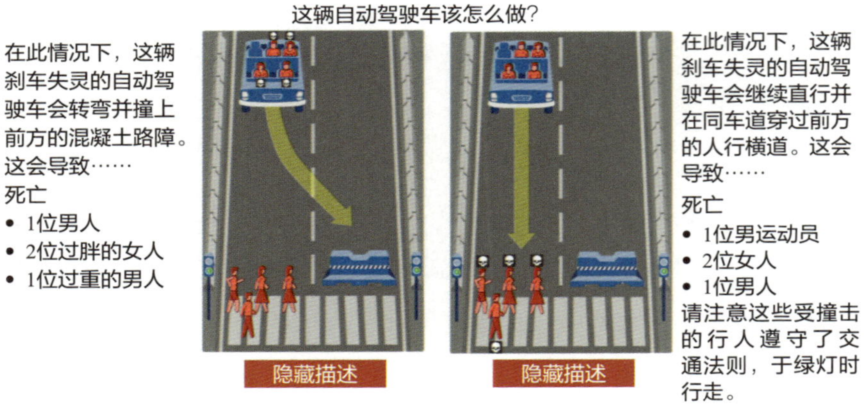

图12-4 道德机器

最后，根据全球233个国家和地区数百万人用10种语言做出的4000多万项决定，研究者发现，从全球层面来看，三种偏好十分强烈，分别是保护人类而不是保护动物、保护更多的生命、保护年轻的生命。在研究者看来，这三种偏好应该被政策制定者着重考虑。从个体层面来看，年龄、教育、性别、收入、政治和宗教观点的个体差异对于上述9个因素中的任何一个都没有显著的影响。其中最显著的影响是由受访者的性别和宗教信仰所决定的。例如，男性受访者对女性的宽恕倾向较低、宗教信仰与人的宽容倾向有微弱的相关性。综合来说，这6个个体变量中没有一个将其亚群分裂为相反的效应方向，虽然存在一些个体差异（如男性和女性受访者都表示更倾向于保留女性，但后者显示出更强的偏好），但这对于政策制定者来说可能并不是关键信息。

而从跨文化伦理差异来说，地理和文化上的接近可能使一些不同国家地区的人有着对机器伦理的共同偏好。然而，集群之间的差异可能会带来更大的问题。例如，对于东方集群来说，保护年轻人而不是年长者的偏好要低得多，而对于泛南方集群来说这项偏好则要高得多。研究者认为，这些发现提醒制造商和政策制定者，要注意到所在国家和地区人群的道德偏好是什么。虽然公众的道德偏好不一定是道德政策制定的决定性因素，但人们购买自动驾驶汽车并允许它们上路的意愿，将取决于人类自身所采用的道德规则的适应性。

最后，国家和地区间的文化经济差异与道德机器揭示的偏好高度相关。通过观察个人主义文化和集体主义文化之间的差异可以发现：来自个人主义文化的受访者，强调每个人的独特价值，倾向于保护更多的生命；来自集体主义文化的受访者，强调保护年长者优于保护年轻人。此外，来自较贫穷和制度较弱的国家和地区的受访者对非法过马路的行人更宽容，原因可能是他们自身对规则的遵守程度就较低，当地法律对违规行为的惩罚也较轻。而来自经济上不平等国家和地区的受访者也偏向于不平等地对待富人和穷人，这种结果可以用不平等性渗透到受访者的道德偏好中来解释；在几乎所有国家和地区，受访者都表现出保护女性的偏好，而在妇女健康和生存前景更好的国家，这种偏好更强。

综上不难看出，尽管利用互联网进行社会科学研究不过是近十年间的事，但成熟的、大规模的、创新性的手段、范例和成果已彰显出巨大的研究潜力和社会价值。通过在社会科学研究中利用最新的技术手段，我们或可期待获取对社会更全面的认知，同时提高对技术的社会影响和价值的洞察，夯实对社会治理领域相关政策制定的决策基础。

13

第十三章

广义的“浸入式”社会实践案例

如今，当人工智能为代表的新一代技术发展如火如荼时，如何观察和研判它们对现实生活的影响非常必要且需要具备一定前瞻性。从前文中的案例可以看出，一个有意义的社会科学研究不囿于宏大的理论或空洞的主义，是基于实实在在的巧妙设计和思维的解放。前文中研究的结局和成果或许各异，但不管是对纯粹的学理深化，还是对社会进程的实质推动，抑或对研究方法的创新而言，每个案例都是了解社会的经典范本。

抛开学术气息浓厚的实验案例，事实上，社会治理实践的痕迹在日常生活和政策制定过程并不少见。

一、长丰性别平等社会实践[1]

《人物》杂志最近刊登了自2011年起在安徽小城长丰进行了7年之久

[1] 林松果．在长丰，女性向前一步［EB/OL］．（2020-06-16）［2020-10-02］．https://mp.weixin.qq.com/s/Aefmya8A41KdkpqR64bhXQ.

的旨在促进性别平等的社会实践案例。在此项目开展之前，全国的出生人口性别严重失调，安徽省也不例外。为了降低出生性别比，当时长丰的计生干部龚存兵就已经开始琢磨：为什么出生性别比降不下来？问题到底出在什么地方？但那时候的他还没有任何社会性别平等的意识，更多的是靠本能和直觉——工作很难做，感觉到女孩地位很低，是不是可以给女孩抬高地位？也许这样大家就愿意生女孩了。因此，当时长丰计生系统的工作重点除了追随全国脚步打击“两非”，就是自发发起关爱女孩项目，包括在县城公园立起关爱女孩的雕塑，给农村独女户、两女户的父母办养老保险，给每个考上大学的女孩颁发助学金等。

这种以政府为主体、强调自上而下怎么做的方式，在长丰成为国家计生委和联合国人口基金会的性别平等项目试点县后，发生了转变。这个项目的执行者、中国人口与发展研究中心研究员汤梦君说起这场实验的初衷：“你总还是觉得少了什么，比如源自基层和草根的自发力量，比如女性作为主体的一种声音，这是比较缺失的。”但这种尝试并不容易。性别平等的概念抽象又学术，很多男性干部不理解这和之前关爱女孩的政策有什么区别，也不认为自己比妻子的地位高。学者因此设计了一些参与性的课程，不是对着课本讲理论，而是从生活中很小的话题讲起，让他们明白性别平等就是自己身边的事。例如，为什么大家给男孩起名都喜欢用雄、伟，而女孩的名字都是丽、美？再如，父母给儿子玩什么玩具？给女儿玩什么玩具？是皮球还是洋娃娃？

课讲得多了，慢慢触动就有了。龚存兵下了课就开始思考：为什么公交车上的扶手高度都是为男性设计的？女性要是个子不高的话就够不着，为什么男性标准会成为社会的标准？他意识到自己的观念正在变化。他开始觉得原来自己做关爱女孩项目时，理念上是有问题的——我们提出关爱女孩，其实是不准确的，关爱是对困难群体的，但是女性并不是社会特殊群体。她们需要的不是关爱，而是平等。想通了这些，龚存兵可以施展的地方就太多了。其中的一个典型案例就是2014年的“姓氏革命”。2014年，长丰县在下辖的几个乡镇试点倡导新生儿可以随父姓，随母姓，或者父母双姓。其中对随母姓的给予1000元奖励（其中有一个乡镇是男孩随母姓奖1000元，女孩随母姓奖800元）。这个政策的颁布不是一时冲动，而是既有学术界的理论共识——男孩偏好的根源是家族传承，又有整个政府决策层的支持。龚存兵说：“该实验的目的是在新生儿随谁姓的问题上，有一个平等协商和讨论的过程，从而淡化父姓意识，从根本上解决男孩偏好问题。”尽管长丰社会治理实践的成功有着天时地利人和的偶然性，并不易全国推广，也有着自身可持续性的问题，但至少在这个县城里，这项实验留下了灿烂的性别平等的遗产。[1]

二、日本“儿童食堂”[2]

类似长丰实践的例子其实还有很多，但有些可能过于日常化，与

[1] 林松果．在长丰，女性向前一步［EB/OL］.（2020-06-16）［2020-10-02］. https://mp.weixin.qq.com/s/Aefmya8A41KdkpqR64bhXQ.

[2] 知日公众号．几百个暖心故事，每天都在这些日本的儿童食堂上演着［EB/OL］（2017-11-24）［2020-10-02］. https://mp.weixin.qq.com/s/Nskl9abDsz0IWIPoB24DcA.

周遭的生活融为一体而不易被察觉。在日本各地，有好几百家“儿童食堂”星罗棋布地分散着。“儿童食堂”主要是为面临家庭困境或囿于经济问题而无法吃饱饭的孩子们开设的。它的诞生非常偶然。第一位大胆尝试的店主叫近藤。一次偶然的机会，她在自己业余经营的蔬菜店里，听说了一位因母亲生病而无法正常吃上晚餐的小学生的不幸遭遇。无比惊讶于日本还有这样的情况，近藤觉得自己可以做点儿什么。她开始尝试在自己的蔬菜店设一个区域，给孩子们提供一餐300日元（约人民币18元）左右的饭菜。每天放学后，近藤的店都会向小朋友们呈上营养丰富且种类繁多的晚餐；久而久之，不仅是小学生，带着孩子过来的单亲妈妈、中学生等都会聚到近藤的店里，一起用餐、交流、学习、玩耍，其乐融融。

慢慢地，很多人都到近藤的“儿童食堂”见习，然后回到不同的地方开办起同样的“儿童食堂”。不仅地点多样——自己家里、小学校园、咖啡店、寺庙等，而且店主背景也非常多元——专业的厨师、营养师、退休老人、咖啡店店主等，一顿饭的价格从100日元到300日元不等，同时还有很多儿童食堂免费向儿童提供食物。现在，不管是作为店主、志愿者、捐赠者还是顾客，越来越多的人开始加入到“儿童食堂”的实践中来。与许多单纯为困难儿童捐钱捐物的活动相比，这场社会实践更多了平等的慰藉、陪伴的温暖和草根的力量。

综上，从本篇的所有案例可以看到，无论科技如何进步、社会如何演变，以治理为导向的社会科学研究始终蕴含着强韧的生命力和创造力，放飞了我们对理想社会形态的想象，赋予了我们把握社会变革节奏的能力。在当下“百年未有之大变局”面前，抗击新冠肺炎疫情是对人工智能、大数据等技术水平和实际应用能力的一次集中大考，也造就了一场规模空前的人工智能技术在社会应用中的大检验，从某种意义上看自然形成了一次集中的社会治理实践。“这个史无前例的社会大实验压缩了时空，激发了需求，使我们更早、更全面地体验了数据和算法的巨大重构作用。智能经济、智能社会提前在这个社会实验中进行了培育和验证”。[1]时不我待，我们由此或许要更加激发对人工智能技术应用于社会的想象力，加速思考人类与技术、技术与社会的关系，实现社会治理的科学化、现代化和中国化。

---

[1] 上海市科学学研究所人工智能研究组．人工智能、大数据支撑新冠肺炎疫情防控报告（1.0版）[EB/OL].（2020-03-01）[2020-10-02]. http://www.siss.sh.cn/kyxs/gdhc/609822.shtml.

展望篇

人工智能社会治理研究的全球协同

随着信息技术的不断更新发展，人工智能技术及其产业得到了快速发展，经济社会各个领域在人工智能的作用下发生了翻天覆地的变化，国际政治和安全秩序也因此而改变。从全球治理的高度来看，我们应该深入研究探索人工智能社会治理方面的问题，加大对这一领域的关注度。

本篇对人工智能社会治理研究的全球协同进行展望。人工智能带来的变革成为全人类需要共同面对的命题，新技术一方面使原有的全球问题更加复杂化甚至尖锐化，另一方面也带来新的全球性挑战，在这样的背景下，政策的制定也充满着不确定性的风险。在人工智能的全球性影响下，美国和欧盟采取不同的政策路径在各自的治理区域内展开系统的人工智能社会实验。美国轻监管重发展的治理思路体现了极强的科技中心主义，而欧盟以人为本的治理思路深刻地体现了科技人文主义的特征。无论秉持怎样的价值导向，各国在探索技术进步与社会发展关系的过程中，呈现出较为共性的三类需求：一是多层次的治理体系；二是多学科的协同参与；三是多形式的国际合作。

14

第十四章

全人类共同的命题

一、新技术与新的治理挑战

1. 原有问题更加复杂

人工智能给国际安全和全球治理带来了新的挑战，一些原有的全球问题可能会因为人工智能技术的应用而越发尖锐与复杂。例如，跨国犯罪、大规模流行疾病、恐怖主义和气候变化等，都有可能因为人工智能技术的广泛应用而进一步加剧。所以要深入地分析人工智能和全球问题之间的相关性，防止因此引发新的全球危机。从辩证的角度来看，人工智能虽然是科学技术的一次升级进化，但也带有一些负面效应，会对社会造成不良影响。当前人工智能尚处于发展的起步阶段，具有高度的不确定性风险，因此我们应该长期对此方面的风险进行检测管控。人工智能领域的变革速度非常快，如果没有有效的管控就很可能会造成严重的不良后果，比如冲击到社会的稳定，影响到全球的安全，甚至会威胁到人类的生存等。

随着人工智能技术的不断完善，应用范围的不断扩大，在国际政治舞台上，人工智能所带来的风险也逐渐彰显：第一，人工智能媒介有可能会直接操纵或间接影响政治竞选活动。此种弊端已经彰显，比如2016年后，法国总统大选、美国总统大选等，都不同程度受到互联网舆情的影响。人工智能的崛起很有可能极大地冲击并改变人类的政治秩序的相对稳定性。第二，人工智能应用于武器研发过程会引发全球新的军备竞赛，虽然能够降低产生政治冲突的成本，但是一旦发生战争将会出现更大规模的伤亡。纵观人类发展的历史，科技革命如同一把双刃剑，带给社会的既有有利一面，又有不利一面。率先掌握先进技术的国家力量会进一步增加，形成马太效应。例如在军事上，作为人类科技史上最有效的力量放大器，在多个国际关系领域，人工智能已经明显超越人类的能力，并且具有持续发展的潜能。无论是数量堆砌还是策略战术，人类都很难弥补这种差距。在军事行动和战略博弈中，应用人工智能的行为主体取胜的概率非常高，尚未应用人工智能的行为主体获胜的概率非常低，所以，当人类进入人工智能时代，国际主体间的力量差距越来越大。对于社会经济结构和权力分配模式来说，人工智能的不断发展与完善会呈现出持续改变的态势，将由内而外推动国际治理体系走上变革之路。随着持续的技术进步，动荡与不确定性的风险会不断累积。

总之，面对人工智能技术的不断崛起，全球问题日益严峻，只有采取全球治理模式，建立多边制度，才能充分发挥人工智能的优势，为整个人类的发展提供技术方面的支持，同时能够规避人工智能给全球带来的不利因素与风险。

2. 新的全球问题浮现

一些世界性的难题一直困扰着世界各国，比如环境的可持续发展、公共卫生服务事业的有效发展等，而人工智能技术的出现，为解决这些问题提供了新思路和新方法。但与此同时，人工智能带来的技术变革存在着催生新的问题与焦虑的可能。新技术可能仅造福一小部分人，大部分人会生活在被新时代和新技术遗弃的担忧中；世界的不平等与碎片化，会因人工智能的应用而更加严重。

科学技术的不断更新换代，人工智能的兴起，标志着工业革命进入了一个新的发展阶段。人工智能应用越来越多地渗透到人们的日常生活中：学习算法在智能产品中广泛普及，自动驾驶汽车进入日常的交通应用场景也不再遥远。也就是说，当今社会的一大发展趋势正如美国微软首席科学家、计算机学家埃里克·霍维茨（Eric Horvitz）所说："社会各部分正普遍而迅速地采用数字技术和大数据，这导致人工智能、自主系统和算法决策之间的无缝集成，影响了数以亿计的人的生活模式。"人工智能可能使社会不再是原来意义上的社会，可能会导致人类社会内部大多数思维和智力的退化，只有少数思维与智力在人工智能的作用下能够与时俱进，知识不再短缺而是过度。可以推测的是，人工智能还将从根本上改变产业结构、经济运行模式、人类社会关系、战争方式等。人工智能的兴起与发展是不可逆转的趋势，那么摆在社会治理的决策者和参与者、人工智能技术的开发者和使用者面前的是许多新的全球问题，核心在于塑造怎样的框架结构才有可能正面引导人工智能发展的价值取向，并尽量减小潜在的负面影响。

因此，国际社会需要就人工智能的技术发展与社会进步的耦合关系展开讨论并采取行动。时至今日，一些政治团体、公司企业、研究机构和学术组织已经开始从各方面研究人工智能及其相关问题，政府也开始寻求实现积极的引导措施。例如，美国和欧盟都开始制定人工智能发展的战略路径，表现出差异较大的态度，并做出截然不同的路径选择。

二、充满不确定性的政策选择

针对人工智能风险认识和评价，学术界进行了深入分析，至今没有形成定论，不过在社会治理领域，学术界和实务界对人工智能技术的广泛应用已经达成共识。当前人工智能应用所存在的问题集中体现在人工智能该如何治理、怎样治理、治理什么问题等方面，在治理机制设置和构建过程中，如何充分使用人工智能是学术界和实务界所面临的共同难题。

1．技术安全的问题

产品技术安全问题一直以来是人工智能应用过程中所面临的最大风险。因为科学技术本身不完全可靠，再加上智能系统的先天设计缺陷，导致人工智能在应用过程中不可避免地会出现各种风险，其风险集中体现在：第一，操作权失控、技术的恶意使用等。例如，黑客掌握了人工智能，有可能非法窃取他人信息，也有可能非法发起网络攻击等。第二，技术失控或管理不当所带来的风险。人工智能在应用过程中，首先要依赖于传感器、训练数据，其次要使用各种软件，这些都有可能会受到干扰，甚至整个系统被入侵，因此存在着安全隐患。人工智能系统并非十全十美，有可能存在着某种技术缺陷，比如推销模式、无人智能系统设计等方面，都有可能因为技术缺陷或者生产不当产生一系列风险。

2. 伦理规范的挑战

应用人工智能技术，最为关注的问题就是伦理问题。人工智能技术根植于算法，算法背后隐藏的“技术黑箱”是其伦理风险产生的本质原因。算法本质上是一系列指令，难以转化为符合人类逻辑的语言，这也导致人工智能技术背后的决策逻辑难以让人理解，更不要说预测和评估等更高级别的监控操作，特别是其与云端数据、人脑互联等前沿技术结合使用后，技术系统所产生的风险急剧增加，使技术难以预测，这当中就包含非常重要的歧视风险。歧视是算法难以预料、无意识的属性，这使识别控制的难度进一步增大，使机器频繁做出道德决策，带来非常严重的伦理问题。

人工智能技术会在社会生活中普遍应用，其衍生出来的行为规则问题会对社会伦理造成一定程度的影响，人们必须对此做出回应，技术系统的设计逻辑需要与社会伦理相适应，机器规范必须服从人类规范，以免导致社会的伦理损害。“心智边界之争”一直是学界争议的一个焦点。人类社会长期发展的经验使得人类文明形成了较为固定的伦理关系，当人工智能出现在人类伦理关系中时，界定人与机器之间的伦理关系、机器人的“人格”和权责问题就成为新的难题。当前，在司法和医疗等领域，人工智能得到了广泛应用，并发挥了巨大的作用。预计未来在审判分析、疾病诊断等方面，人工智能的应用将更加广泛，甚至能够替代人类。所以，当机器拥有决策权之后，人们需要对人工智能的安全风险、伦理问题进行全面的考虑，也就是说，要考虑人工智能是否能够行使决策权，是否具有决策主体责任。部分伦理家认为，未来的人工智能完善程度更高，不仅具有感知和决策的能力，而且会不断地学习提升，还会与人类成长相仿，形成有差异的个性。而现有伦理责任中，尚缺乏对未来责任追究的设计，有可能造成技术设计者逾越当前伦理规范，将人工智能技术在伦理规范方面的不完备甚至是不可预测带入现实社会，造成伦理风险。

3．数据隐私的安全

近年来，人工智能之所以能够得到快速发展，是因为大数据广泛应用，数字资源开发利用最大的风险就是隐私问题，人工智能应用过程中涉及数字资源的开发利用，因此不可避免地存在着隐私侵犯的风险。其一，涉及核心数据集的使用、知识抽取等环节都存在着隐私问题。人工智能的重要能力之一是从数据中抽取知识，它已成为重要的知识抽取工具，并且在此方面的能力越来越强大。人工智能能从看似不相干的数据中识别出个人行为特征甚至性格特征，为个体提供针对性的服务，但是此过程往往会出现个人隐私被泄露的问题。如果人工智能安全上存在一些漏洞，就有可能被他人所入侵，使部分敏感数据被公开，从而造成他人信息泄露。其二，大数据在应用的过程中存在着权力转移现象，而这种权力转移具有非对称性，用户往往处于信息弱势地位，操纵大数据的技术者往往处于信息强势地位。数据驱动还会进一步拉大国与国之间的差距，发达国家越来越发达，而发展中国家获得技术的难度会进一步加大。拥有技术优势的组织，可通过赋予组织成员庞大的数据标签，精准判断和掌握成员的特征、兴趣和行为，组织与用户之间存在着严重的技术不对称，从而导致巨大的权力不对称。

15

第十五章

美国的实证——轻监管促创新重发展

2019年，美国新的人工智能计划正式启动，该计划是为了提升美国在人工智能领域的领导能力，是美国国家战略的一部分。该计划实施后，美国在人工智能领域取得了显著成就。2020年1月，美国联邦政府发布了《人工智能应用的监管指南》（*Guidance for Regulation of Artificial Intelligence Applications*），要求联邦政府在针对人工智能技术和相关产业采取监管和非监管措施时，要以减少人工智能技术应用的障碍、促进技术创新为宗旨。2020年2月26日，美国白宫科技政策办公室（OSTP）发布《美国人工智能倡议：首年年度报告》（*American Artificial Intelligence Initiative*：*Year One Annual Report*），该报告概述了美国人工智能的进展，并为美国的人工智能计划提供了长期愿景，宣布美国人工智能已发展至关键的里程碑阶段，是美国在人工智能发展上“科技中心主义”政策态度的集中体现。

一、政策设计助推创新与发展

如前文所述，美国发布的一系列人工智能战略及具体政策的根本目的在于增强并巩固美国在人工智能领域的科学、技术、经济等方面的全球领导地位。其相应的人工智能监管也需要服务于这一根本目的。因此美国的人工智能监管的出发点是促进人工智能技术的不断进步和创新，为其减少发展和应用过程中面临的不必要障碍。之所以《人工智能应用的监管指南》要求充分评估监管对人工智能创新和发展的影响，避免采取可能给人工智能系统施加过高标准的预防性路径，是因为这可能影响社会从人工智能应用中受益。例如，《人工智能应用的监管指南》第6条中明确指出，要确保美国公司不受美国监管制度的不利影响，各机构要牢记人工智能的国际应用。这给出的信号是白宫期待各监管机构针对人工智能最好采用弹性的法令框架，而非严格限制。

人工智能计划是美国国家战略的一部分，在法令框架下，联邦机构为了保障国家战略的有效实施，会在人工智能研究领域分配更多的资源，提供更多的数据，促进该领域更快发展。例如，美国国家科学基金会（National Science Foundation，NSF）和交通运输部（DOT）的联邦公路管理局（FHWA）为了实现远程战略公路研究项目数据可以访问的目标，进行了深度合作，并对隐私技术进行了全面研究。

这种助推的力量也体现在预算的安排上。和2020年美国财政预算相比，2021年的财政预算数额大幅度增加，增加的重点在非国防人工智能方面。该预算包括美国国家科学基金会的人工智能基金，具体数额达到8.5亿美元，同比增加了70%以上。预算的增加能够进一步提升人工智能研究的深度与广度，增强美国国家科学基金会的投资能力，同时还能促使该基金会和其他领域针对人工智能进行更深层次的合作，比如和国土安全、交通等领域建立合作关系。预算的增加是为了推进美国人工智能的有效发展，继续保持美国在此方面的领导地位。

二、监管政策重视科学性与灵活性

美国的政策逻辑中，人工智能的监管、非监管措施需要充分考虑人工智能相关的科学、技术信息和程序，避免不切实际的拍脑袋立法。监管需要采取风险路径来评估哪些风险可被接受，哪些风险可能导致不被接受的损害，或者带来的损害超出了带来的益处。这意味着人工智能监管不是要消除所有的风险，也不可能消除所有的风险，而是对风险进行管理，将风险控制在最小的或者社会可接受的限度。所以，美国需要采取成本效益分析，在对人工智能进行监管前，充分考虑人工智能发展应用的社会成本、益处、影响等，以权衡人工智能发展应用的利弊并衡量风险大小。

《人工智能应用的监管指南》中提道："在大多数情况下，无法对人工智能应用技术进行准确性规定，因为该技术发展速度非常快，所以机构要针对人工智能的快速发展做出有效反应。"这规定了监管、非监管措施要具有足够的灵活性和弹性，适应技术快速变化和人工智能应用迭代，通常情况下是建立比较灵活的管理框架，然后在管理框架内对此进行有效监管。

三、使用不监管和非监管措施

可以说，对于人工智能应用，美国是以不监管为出发点的。如果既有的监管措施是充分的，或者新的监管措施出台不能证明其成本合理，此时理想的路径就是不采取行动，或者选择适合某些特定人工智能应用风险的非监管措施。

根据《人工智能应用的监管指南》的思路，政府部门不必试图避免所有可预见的风险，可以针对风险制定相应的管理框架，然后在管理框架内灵活地对风险进行全面分析，采取具体的控制手段。监管要在合理范围之内，既能够对风险进行有效控制，又能够让创新活动得以快速发展。

不监管和非监管措施与政府监管同等重要。可以预见，美国将更侧重不具有法律强制性的非监管措施，包括：部门特定的政策指南或框架，试点计划和实验，行业内自愿性的共识标准，等等。具体内容如下：

一是部门特定的政策指南或框架。美国相关职能部门可以利用已经出台的非监管政策声明与指南，对人工智能创新活动进行激励，也可以通过制定测试和部署框架的方法，让人工智能创新活动能够顺利开展。

二是试点计划和实验。在美国，特定的人工智能应用需要各方支持，相关职能部门可以利用现有法律规定中的豁免权，制订此方面的试点计划。相关机构可能会收集有关该人工智能设计、开发、部署、操作的数据来加深对风险与收益的理解。

三是自愿性的共识标准。针对人工智能应用，为了促进该领域的技术发展，私营部门和其他利益相关者可以在自愿的基础上达成共识。

16

第十六章

欧盟的哲思——以人为本伦理优先

欧盟在发展人工智能的过程中，采用与发展互联网相似的思路，希望通过一系列的制度构建，为人工智能的发展提供保障，比如产业政策、治理机制、战略、伦理框架等，体现了欧盟的人权思想及浓厚的科技人文协作思想。对于全球而言，在人工智能技术应用的伦理治理领域，欧盟采取了实验性的尝试举措，具有大规模社会实验的示范意义。

一、以人为本的人工智能治理理念

2018年4月25日，欧盟委员会发布政策文件《欧盟人工智能》（*Artificial Intelligence for Europe*），这是欧盟在人工智能领域首次发布的系统性战略框架。这一战略的重点在于人工智能以人为本的价值观，其目的是在此基础上促进人工智能的有效发展，增强欧盟人工智能方面的科研能力，帮助人们能够更好地应对人工智能时代所面临的各种挑战，重塑欧盟的社会影响，推动欧盟社会经济的有效发展。从欧盟人工智能战略的内涵上看，该战略包括三个方面：首先，在人工智能领域，进一步提升欧盟的技术和产业能力，实现该技术在更广阔范围内发展，并且渗透社会经济发展的整个领域，包括公共部门和私人部门。其次，积极迎接并适应社会经济变革，从教育和培训入手，使其与时代发展紧密衔接，满足就业市场的需求，培养大量的技术型人才，更好地为社会的发展输送有用人才。最后，结合欧盟的人工智能发展策略，完善伦理和法律框架，包括阐明产品规则的适用范围，思考人工智能技术的问题与挑战，制定人工智能伦理指南。2018年6月，欧盟委员会组建人工智能高级专家小组（High-Level Expert Group on Artificial Intelligence，AI HELP）来支撑《欧盟人工智能》战略的贯彻落实。2019年4月，欧盟发布《可信人工智能伦理指南》（*Ethics Guidelines for Trustworthy Artificial Intelligence*，以下简称《伦理指南》）和《算法责任与透明治理框架》（*A Governance Framework for Algorithmic Accountability and Transparency*，以下简称《治理框架》），是对伦理和法律框架的回应与细化落实。2020年，发布的《人工智能白皮书——通往卓越和信任的欧洲路径》（*White Paper on Artificial Intelligence：A European Approach to Excellence and Trust*）指出，人工智能是一项战略性技术，有益于社会、公司和个人。人工智能以人为本，基于道德，可持续发展，尊重人最基本的权利和价值。

二、构建可信人工智能的伦理指南

《欧盟人工智能》战略中针对人工智能的相关问题进行了明确阐

述：首先，要坚持以人为本的价值观，明确发展人工智能是为了增进人类福祉。其次，要明确人工智能只不过是一个为人类服务的工具，并不是社会生活的目的，所以要把社会价值观体现在人工智能的开发和应用中。欧盟法律法规非常完善，是建立在价值观之上的法律法规，包括个体的基本权利，比如尊严、自由和民主等。欧盟成员国普遍盛行多元主义，上述价值观得到了成员国的普遍认同。

人工智能高级专家小组于2018年12月发布了《可信人工智能伦理指南草案》（*Draft Ethics Guidelines for Trustworthy Artificial Intelligence*），草案公布后又进行多轮会商，最终获得相关反馈意见，并对草案进行修订，随后提交给欧盟委员会。《伦理指南》并非法律法规，不具有强制力，针对积极执行伦理指南的利益相关者，欧盟持鼓励态度，其目的是提升人工智能能力、治理能力，促使形成人工智能伦理国际标准。

为了实现可信人工智能，《伦理指南》确立了三项基本原则：一是人工智能应当符合法律规定，二是人工智能应当满足伦理原则，三是人工智能应当具有可靠性。《伦理指南》主要包含可信人工智能的基础原则、可信人工智能的要求及实现标准、可信人工智能的评估机制等基本内容。

《伦理指南》在上述三项基本原则的基础上，进一步提出了可信人工智能。可信人工智能应满足以下关键要求：人的自主与监督、透明度、社会和环境的福祉、可靠性和安全性、可追责性、隐私和数据治理、多样性、非歧视性和公平性（图16-1）。人工智能只有在满足上述原则和要求的情况下才能实现发展，但是在实践中需要根据具体

图16-1 可信人工智能应满足的关键要求

情况来制定具体的实施标准。例如，用于阅读推荐的人工智能应用程序可能引发的风险相对比较小，而用于医疗诊断的人工智能应用程序所引发的风险相对比较大，因此在关键要求实施标准方面，上述两种人工智能应用程序存在一定差异。

从欧盟的视角来看，人工智能伦理建设不是一蹴而就的，需要能力规范与技术方案之间的深度融合，因此是一项系统性工程。欧盟等国家已经开始构建此方面的治理框架，致力于打造以人为本的可信和安全的人工智能。

三、制定算法透明与责任治理框架

《治理框架》从性质上看，属于一份关于算法透明、责任治理的系统性研究报告，发布者为欧洲议会未来与科学和技术小组（STOA）。《治理框架》首先对一系列的现实案例进行全面分析，并详细阐述歧视性算法所带来的一系列不良影响，同时分析实现算法公平的现实障碍。为了实现算法透明和责任治理，欧盟强调要对其责任进行研究和创新。

《治理框架》对现有的算法系统治理问题进行了全面分析，然后提出了具体的解决对策：

（1）提升公众的算法素养。此方面的具体措施包括：提供技术支持；强化标准化算法强制披露；明确算法选择和决策的核心概念；在违反服务条款或侵犯知识产权情况下，揭秘人免于追责的情况，比如为了实现公共利益，不追究揭秘人的法律责任。

（2）相关公共部门建立算法问责机制。具体措施包括建立算法影响评估（Algorithmic Impact Assessment，AIA）流程。其集中体现在以下几个方面：一是针对算法系统定义，由公共部门公布；二是针对算法的目的、范围、用途、政策等，及时公开披露；三是针对算法自我评估报告，全面执行评估内容、及时对外公布；四是鼓励公众参与；五是及时公布算法评估结果；六是定期更新算法影响评估流程。通过算法影响评估流程，能够进一步明确算法系统的使用场景、预期用途，政策制定者可以据此制定出切实可行的政策，并提出相关建议。

（3）完善监管机制和法律责任制度。算法透明并不是简单公开源代码，这样并不能提供有效的透明度，反而会威胁数据隐私或影响技术安全。对于现代人工智能系统，比起仅仅通过解释某个结果如何实现透明将面临巨大的技术风险，在人工智能系统的行为和决策上实现有效透明将更可行。因此，如果算法决策系统有可能会引发严重风险，可以考虑强制进行人工智能算法影响评估流程；针对算法系统所造成的一般性影响，一方面要追究算法系统操作者的侵权责任，另一方面要减轻评估认证算法系统相应的义务，进一步提升算法系统标准；建立专门的算法监管机构，该机构对算法风险进行全面评估，然后监督其使用情况是否符合相应的标准，并在此基础上提出有关算法的建议。

（4）加强算法治理的国际合作。针对算法透明度的监管，在某种程度上有可能被视为保护主义，也有可能被视为获取别国商业机密的不当行为。为了避免上述现象，《治理框架》中提出了具体的解决对策：建立一个永久性的全球算法治理论坛，鼓励和算法技术有关的利益相关者通过论坛进行沟通与交流，参与国际对话。特别是针对政策与专业知识、算法治理等方面，通过深度沟通与交流，能够获得最佳实践，以获得最为广泛的支持。从这一角度上来说，欧盟正在从行动上将区域内的治理实验向全球推广。

17

第十七章

从科技中心主义到科技人文协作

无论是科技中心主义还是科技人文协作，目前各国家或地区的探索实质上都是一场大型的社会实验，按照当前的发展趋势，未来人工智能社会治理的发展显现为三条主要路径。

一、多层次的治理体系

多层次的治理体系比单一维度的治理更能适应人工智能快速发展迭代、日益复杂化等特征。顶层的法律规范仍然是必要的，可以原则上划定技术应用的边界。但在实践中，我们需要避免一刀切的监督管理方式，而应以细分领域和风险管理为导向，遵循灵活包容、便于创新等监管理念，同时深入考虑人工智能技术在不同应用中带来的不同结果、管理手段对技术和产业的影响、技术路径和商业模式可行性、社会接受程度与企业积极性等因素，采取多层次的治理逻辑进行适度监管。

未来的监管模式将从以国家为中心的指挥控制监管机制向更加复杂的治理手段转变。对新兴技术的有效治理是基于多利益相关者合作协调、资源共享的一体化治理模式。尽管未来人工智能治理的准确模式仍在变化中，但目前的研究已经使人们看到了“分层治理”模式中模块化理念的好处。

此外，由于技术发展及商业模式发展日新月异，事前的制度设计难以精准预见可能的变化，过于严格和过于细致的法律要求有妨碍发展创新的可能，因此可以将事后监管、事后追责等轻监管的方式作为应对方式。在技术应用层面上，行业与企业的自我约束也同等重要，相关部门和机构需要鼓励技术的实践者在具体行动中践行科技向善、负责任创新与研究等理念，支持行业企业的自我约束。在实际操作中，行业标准、行业约定、发展框架、伦理指南、技术公约等柔性管理手段可加以应用，以实现科技进步为人类服务的目的。在公众意识层面上，开展人工智能伦理素养的相关教育非常重要，一方面需要提升媒体大众的数字素养、算法素养等技术素养；另一方面需要针对技术人员和从业者开展伦理教育，使其做到从业中的高度自律。

二、多学科的协同参与

人工智能是一个年轻的、成长性的科学，经过多年发展，人工智能的研究领域集中在自然语言处理、知识表示、自动推理、计算机视觉、机器学习和机器人学六大方面，是一门典型的、构建在人类综合知识体系之上的交叉学科。

同时，随着新一代人工智能时代的开启，人工智能相关技术得到了快速发展，相关算法已经成功地解决了诸多场景下的实际问题，人工智能在各个层面和领域受到广泛的重视，渗透到人类社会生产、生活、科学探索的方方面面。可以说，人工智能技术的发展是多学科协同发展的结果，人工智能治理是一个复杂的社会、经济、科技多重治理任务，人工智能的治理需要多主体、多学科的协同参与。

三、多形式的国际合作

大数据技术的广泛应用推动了人工智能的有效发展，人工智能在发展过程中呈现出典型的跨国界、国际分工等特征，所以，实现国际间的协作与协调，是人工智能领域伦理和治理的关键。全球社会需要在通用人工智能的发展问题上达成共识。相关对话不仅需要在地区和国家层面开展，更需要在国际层面开展。利用已有的组织与共同体平台，并在充分考虑文化适应性的基础上制定切实可行的人工智能方面的行为准则与制度规范。过去10年，全球互联网治理的经验已经证明了全球多方参与的重要性。能够预见的是，未来关于人工智能治理新模式的讨论需要更多的全球合作和参与。

人工智能全球治理的一个重要落脚点还在于国际社会之间的相互协助，只有从整体上进行战略部署，制定出全局性的方针政策，才能推动人工智能技术的持续创新。同时在产业政策上，只有制定明确的行业准入规范，完善相关配套设施，并营造一个良好的监管环境，才能让人工智能产业有效发展。实际上，国际组织已经有了一些相应的探索实验。2019年5月，经济合作与发展组织的36个成员国及阿根廷、巴西、哥伦比亚、哥斯达黎加、秘鲁和罗马尼亚签署了《人工智能理事会建议》(*Recom-mendation of the Council on Artificial Intelligence*)。该建议包含负责任地管理可信人工智能的原则，该原则是专门为人工智能的发展而设计的，从内容上看，分为5项原则：一是稳健性和可靠性原则；二是包容性增长原则；三是透明性和可解释性原则；四是可持续发展与福祉原则；五是以人为本的价值观和公平原则。2019年6月，二十国集团（G20）发布了主要内容来源于经济合作与发展组织《人工智能理事会建议》的人工智能原则。多国政府普遍认同该原则。该原则是首个多国政府统一意见下形成的共同原则，充分体现以人为本的发展理念，制定切实可行的人工智能治理标准与方式，从而为人工智能的有效发展提供保障。由此可见，国际社会普遍认同以人为本的人工智能发展理念，在该理念的带领下，人工智能及其相关产业未来将会得到更广阔的发展，同时能够构建透明、多边、民主的治理规则，提高此方面研发应用的可信度，防范技术创新所带来的各种风险，最大限度地确保科技发展对社会进步积极的正向推动作用。